감동을 팔고 직원들을 춤추게 하라

이수호 지음

감동을 팔고 직원들을 춤추게 하라

초판 1쇄 발행 2019년 12월 21일

지 은 이 이수호
발 행 인 권선복
편   집 오동희
디 자 인 최새롬
전 자 책 서보미
발 행 처 도서출판 행복에너지
출판등록 제315-2011-000035호
주   소 (157-010) 서울특별시 강서구 화곡로 232
전   화 0505-613-6133
팩   스 0303-0799-1560
홈페이지 www.happybook.or.kr
이 메 일 ksbdata@daum.net

값 18,000원
ISBN 979-11-5602-765-2 13320

도서출판 행복에너지는 독자 여러분의 아이디어와 원고 투고를 기다립니다. 책으로 만들기를 원하는 콘텐츠가 있으신 분은 이메일이나 홈페이지를 통해 간단한 기획서와 기획의도, 연락처 등을 보내주십시오. 행복에너지의 문은 언제나 활짝 열려 있습니다.

감동을 팔고 직원들을 춤추게 하라

이수호 지음

도서
출판 행복에너지

인생에도 사계절이 있는 것 같다.

나는 오늘까지 세상을 살아오면서 따뜻한 봄날도 있었지만 혹독한, 너무나도 혹독하고 차가운 겨울날을 보낸 기간이 남들보다 길었다는 생각이 든다. 내가 지나온 나날들은 바람에 흔들리는 수준을 넘어 폭우에 가지가 부러지고 뿌리마저 흔들릴 것 같은 그런 날들이었다.

그 힘들고 차가웠던 긴 세월을 어떻게 지나왔는지 뒤돌아볼 시간도 없이, 지금 이렇게 따뜻한 봄날을 맞이하게 되어 문득 앞을 보니 젊은 시절은 모두 지나고 내 나이 벌써 환갑을 맞이하게 되었다. 혹독한 세월을 견딘 만큼 지금의 봄날을 어떻게 잘 유지시켜야 할까 생각하며 한편으론 이 따뜻한 봄날이 또다시 금방 사라지진 않을까 걱정도 하면서 살아가고 있다.

이제 추위를 이길 수 있는 방법을 잘 알기에 지금의 봄날을 오래도록 지켜 내고 싶은 마음뿐이다.

나의 사랑하는 아내와 사랑하는 딸 소영이 그리고 소중한 아들 준창이, 그들이 있었기에 그 힘든 과정들을 견딜 수 있었고 그들이 힘이 되었기에 오늘이 있었다. 고맙고 또 고맙고 감사하다.

앞으로도 지금처럼 행복한 시간을 우리 가족 모두 오랫동안 함께 할 수 있었으면 하는 바람이다.

이 글을 쓰고 있는 동안 많은 도움을 준 얼굴들이 스쳐 지나간다. 힘든 오빠를 위해 조금의 망설임도 없이 가게가 오픈될 수 있도록 많은 도움을 준 여동생 이경숙(죽통김밥 대표)과 객지에서 만나 30년이란 세월 동안 어려움이 있을 때마다 함께해 준 잊지 못할 친구 최병구 사장(기린에스아이 대표), 어려움이 있어도 너는 다시 일어설 수 있는 놈이라고 항상 힘을 주시던 이종재 형님(중앙산업가스 대표)에게 이 글을 통해 고마운 마음 전합니다.

그리고…

오늘 이렇게 식당을 창업해서 성공할 수 있게 해 주신 전주명가콩나물국밥 윤장석, 김대진 두 분 대표님을 비롯한 이주범 본부장님 그리고 손화식 영남지사장님께 진심으로 머리 숙여 깊은 감사를 드립니다.

아울러 이 글을 한 권의 책으로 만들 수 있게 도와주신 행복에너지 권선복 대표님과 오동희 작가, 최새롬 디자이너에게도 고마움을 전합니다.

제 이름을 걸고 이 한 권의 책을 낼 수 있다는 것이 참으로 영
광스러운 일이라고 생각됩니다.

 그 험한 객지에서의 생활을 돌고 돌아 늦은 나이가 되어서 고
향으로 돌아와 모든 열정을 다해 이루어 낸 몇 개의 식당을 운영
해 오면서 나름 보람도 느끼고 있지만 그렇게 바쁜 일상 속에서
도 짬짬이 시간을 내어 원고를 쓰고 또다시 지워 보기를 반복하
면서 이렇게 책으로 만들게 되었습니다. 이제 많은 분들의 평가
를 받아야 한다는 것이 두렵기도 하지만 식당을 운영하는 사람으
로서 현재 절망 속에서 살아가고 있는 많은 분들에게 희망을 줄
수 있는 한 줄기 빛이 되었으면 하는 바람뿐입니다.

 인생을 살다 보면 누구나 시련을 겪게 됩니다.

 그러나 그 시련은 어쩌면 시간과의 싸움일지도 모릅니다.

 그 시간을 견디다 보면 언젠가는 지나갈 것이며 그 시련이 지
나고 나면 찬란한 영광이 함께할 수 있을 것이라는 점을 잊지 않
았으면 합니다.

 그러기 위해서는 오늘 이 순간부터라도 자신의 인생을 개척해
보아야 합니다.

지금은 잘 보이지 않을지라도 꿈을 향해 달려가면 언젠가는 꿈을 이룬 자신의 당당한 모습과 만나게 될 것입니다.

많은 사람들이 힘든 삶을 살아가는 시대입니다. 한순간에 모든 것을 잃고 빈털터리가 되는 사람도 부지기수지요. 돈이라는 것은 쫓으면 쫓을수록 잡히지 않는 신기루 같습니다. 어떤 사람은 크게 성공하는데, 어떤 사람은 성공의 '성'자도 못 가져 보기도 합니다. 왜 그럴까요?

저는 그 이유를 실패하는 사람은 '돈을 쫓았고', 성공하는 사람은 '돈이 쫓아오도록 했기 때문'이라고 말하고 싶습니다. 대다수의 사람들이 전자를 택합니다. 잘 모르기 때문입니다. 진짜 부자가 되려면 돈을 잡으러 다니기 전에 어떻게 하면 돈이 나에게 올까 진지하게 구상해야 합니다. 쫓아야 할 것은 '돈을 불러들일 수 있는 사람의 마음'이라고 생각합니다.

저 역시 사업에 큰 실패를 겪었습니다. 좌절하고 방황한 날이 여럿이었습니다. 이대로 무너질 것인가. 생과 사의 기로에 서서 마음을 다잡아야만 했습니다.

우연히 들어간 콩나물국밥집에서 한 번 맛을 보고 '이건 된다'고 생각했습니다. 남은 돈을 끌어모으고 여동생의 도움과 은행의 대출로 마지막 도전장을 던졌습니다. 정말 열심히 일했습니다. 사업 초기에는 하루에 잠을 3시간 이상 자 본 적이 없을 정도니까요. 홀의 탁자 아래서 몸을 웅크리고 새우잠을 자는 게 전부였던 것으로 기억합니다.

그렇게 치열하게 경영한 결과, 하늘이 도와 사업을 시작하고 1년에 한 점포씩 추가로 문을 열어 지금은 다섯 개의 '전주명가콩나물국밥' 지점을 운영하게 되었습니다.

이렇게까지 성장할 수 있었던 것은 저 혼자의 힘이 결코 아닙니다. 모두 직원들과 함께 노력한 결과입니다. 따라서 당연히 지금 함께하고 있는 직원들과 오랜 기간을 발맞추어 나가게 되기를 바랄 뿐입니다.

이 책은 저처럼 요식업계 자영업, 그중에서도 프랜차이즈로 성공하고 싶은 사람들에게 조그마한 조언을 주고 싶어 쓰였습니다. 나 나름대로 내 인생을 되돌아보고 용기와 위로를 불어넣어 주기 위해 쓰인 면도 있습니다.

　새로 문을 연 식당이 몇 년을 버티지 못하고 문을 닫는 것을 압니다. 많은 사람들이 그런 뼈아픈 실패의 경험을 겪지 않았으면 합니다. 내가 직접 몸으로 부딪혀 겪은 이 작은 조언들이 지침서 역할을 할 수 있었으면 합니다. 또 혹시라도 지금 가장 어두운 시기를 보내고 있는 많은 분들에게 반드시 희망은 있다는 확언을 약속하고 싶습니다. 포기하지 않으면 기회는 옵니다. 반드시 옵니다. 그것을 잡을 힘을 꼭 내길 바랍니다.

　이 책을 사랑하는 내 가족들과 우리 전주명가콩나물국밥 전 직원들에게 바칩니다.

2장 식당의 첫 시작과 운영에 관한 모든 것

3장 직원들과 춤을 추는 법

4장 사장으로서 행해야 할 의무

7장 마치는 글

1장

새로운 삶을
시작하며

절망의 나락으로
떨어진 날

경영하던 회사가 부도가 났다.

"이럴 수가 있나."

모든 것을 바쳐 열심히 만든 회사였다. 젊은 시절 객지에서 올라와 맨땅에 헤딩하듯이 일을 해 왔다. 뼈저리게 아픈 날도 있었고 한 줄기 무지개처럼 희망이 나타난 날도 있었다. 그렇게 일하면서 내 삶에 큰 실패는 없을 거라 믿었다. 열심히, 정직하게 일을 하면 나락에 떨어질 일은 없을 것이라고 생각했다. 회사를 세워 영업이 잘될 때는 그 신념이 사실이었다. 그런데 지금, 그렇게 열심히 일해서 이룩한 회사가, 젊은 날도 아니고 나이가 다 들어서 무너지고 말았다.

'재기라도 할 수 있을까.'

눈앞이 까마득했다. 차라리 처음 도시로 올라와서 혈혈단신이었을 때 이런 일이 생겼다면 그래도 나았으리라. 나만 책임지고 두 주먹과 두 발로 다시 일어서려 했을 것이다. 하지만 이미 아내와 딸, 아들이 있었다. 평상시엔 든든하고 힘을 주던 가족들이 이제는 까마득한 짐이었다. 무슨 낯으로 가족들을 볼지 막막했다.

답답한 나날이 계속되었다. 수중에 아무것도 없는 상태로 공원을 거닐거나 벤치에 앉아서 멍하니 무위도식하며 하루하루를 보냈다. 앞으로 어떻게 살아가야 할지 궁리도 해 보았지만 뾰족한 수가 떠오르지 않았다. 그렇게 한숨만 푹푹 쉬던 어느 날, 알고 있는 친구로부터 연락이 왔다.

"의논할 일이 있는데, 잠깐 만날 수 있나?"

목소리에서 심상찮음을 느낄 수 있었다. 뭔가 중요한 일임이 틀림없다는 생각이 들었다. '어쩌면 혹시' 하고 지푸라기라도 잡는 심정으로 약속 장소로 나갔다.

의례적인 인사를 주고받은 뒤 친구는 진지한 얼굴로 이야기했다.

"내가 지금 큰 찜질방을 오픈하려고 하는데, 요즘 찜질방이 대세잖아. 수익이 좋다고 하더라. 지금 공사 중이고, 이제 조금만 더 하면 되는데 자금이 좀 부족하다."

그는 잠시 시간을 끌다가 계속 말했다.

완공이 되면, 찜질방 내에서 식당이나 매점을 운영할 수 있도록 해 줄 테니 대신 내가 아는 많은 지인들을 통해 어음할인을 좀 해 줄 수 있겠냐는 것이었다.

나는 주변에 아는 이는 많았다. 하지만….

못내 의구심이 들어 확답을 하지 못하고 미적거리는 나를 보고 그가 확실히 말했다.

지금 이미 50% 정도는 완공이 되었으니 조금만 도와주면 된다는 것이었다.

설마 부도가 날 것 같지는 않았다. 나는 일단 아내에게 상의를 해 보겠다고 말하고 자리를 피했다. 아내를 만나,

"이러이러한 일이 있는데, 어떻게 하면 좋을까?" 하고 상의해 보았다.

"절대 해 주면 안 돼요."

아내는 단칼에 부정의 의사를 나타냈다. 너무 위험하고 미심쩍다는 것이다.

아내의 말이 이성적이라는 생각이 들면서도 못내 미련이 남았다.

'나는 지금 아무런 할 일도 없는데, 몇 개월만 지나면 재기의 발판으로 삼을 수 있는 일자리가 생긴다. 이 기회를 놓쳐 버려도 될 것인가?'

결국 나는 아내 몰래 그 친구의 제안을 수락하고 말았다.

초조한 시간이었다. 지인들에게 현찰을 받아 공급하면서 점차 그를 믿어도 되겠다는 생각에 조금씩 금액을 늘려갔다. 꿈이 이

루어질 것 같았다.

　그러나…

　내 어리석음이 낳은 산물일까? 결국 찜질방 사업은 얼마 안 가서 부도가 나고 말았다.

　나는 정말 절망적인 상황에서는 하늘이 노랗다는 말보다 캄캄해 아무것도 보이지 않는다는 사실을 깨쳤다.

　끝장이다. 이럴 수가 있는가. 어떻게 해결해야 하는가.

　아무런 방법이 없었다. 운영하던 회사마저 부도가 난 상태에서 한 푼 만져 보지도 못한 어마어마한 돈들을 어쩔 것인가? 지인들은 나를 믿고 해 준 것인데 그들의 얼굴은 또 어떻게 볼 것인가?

　신용과 약속 하나로 살아왔던 내 모든 것이 물거품이 되었다. 절망의 나락으로 떨어졌다.

삶을 포기하려 했던
순간

내게 아직 회사라도 남아 있었다면 어떻게든 돈을 갚겠다는 약속이라도 할 수 있었을 것이다. 하지만 나는 어떠한 약속도 할 수 없었다.

세상을 살아갈 자신도, 얼굴을 밖에 들고 다닐 용기도 없었다.

모든 꿈이 사라졌다.

'이제 와서 내가 뭘 할 수 있겠는가. 그냥 끝내 버리자.'

결국 나는 자살이라는 마지막 종착지를 선택하기로 했다.

막상 삶을 끝내면 모든 것이 편안해질 것이라 생각하니 아이러니하게도 죽음에 대한 공포보다는 홀가분함이 느껴졌다. 죽고 나면 이 모든 고민과 고통이 사라질 것이 아닌가? 내가 이 세상에서 사라져 버리면 그만이다.

그러나 그런 마음도 잠시, 내가 죽고 난 뒤 남겨질 가족과, 지인들을 생각하니 머리가 복잡해졌다.

며칠을 잠을 이루지 못했다.

하지만 한번 마음먹은 죽음에 대한 나의 결심은 고집스럽게도 변하지 않았다. 나는 날짜를 잡기로 했다.

지금도 선명하게 기억나는 2012년 4월 30일. 밖에 나갔다가 11시쯤 다시 집으로 돌아왔다. 아내는 출근하였고 집에는 아무도 없었다.

멍하니 소파에 앉아 있으려니 눈물이 흘렀다. 하염없이 흘렀다. 멈추지를 않았다. 아무리 눈을 비비고 참으려 해도 수도꼭지를 틀어 놓은 것 마냥 줄줄 눈물이 떨어졌다.

마침내 두 손에 얼굴을 묻고 소리를 내어 실컷 울었다. 알아듣기 힘든, 깊고 어두운 굴에서 울부짖는 듯한 소리가 흘러나왔다.

나는 실컷 울고 나서 장롱으로 다가갔다.

'아무도 원망하지 말자.'

장롱문을 열고 가장 튼튼한 넥타이 하나를 골랐다.

욕실로 들어가면서 내 머릿속에 무수히 많은 얼굴이 떠올랐다.

핸드폰을 들고 내가 죽었다는 것을 알리고 싶지 않은 이들의 이름을 모두 지웠다.

욕실로 들어가 욕실 의자를 놓고 샤워실의 커튼을 다는 봉에 넥타이로 올가미를 만들었다.

목을 넣었다. 그리고 밟고 있던 의자를 차 버렸다.

목이 꽉 조이며 숨이 '턱' 하고 막혔다.

상상을 초월하는 고통이 느껴졌다. 내가 생각한 모든 것을 편안하게 해 주는 죽음이 아니었다. 까무룩 기절하기 전에 나도 모르게 본능적으로 넥타이를 묶어 놓은 봉을 잡고 살려고 발버둥을 쳤다.

'아프다!'

그렇게 몸을 비틀던 순간, 나는 욕실 벽면을 마주하고 크게 놀랐다.

거짓말처럼 어머니의 얼굴이 나타나 나를 바라보고 있는 게 아닌가?

지금도 그것이 환상이었는지 무언지 모르겠다.

다만 어머니는 눈물을 흘리고 계셨다.

나는 그때까지 너무 힘들어 어머님이 불편하신 몸으로 요양원에 계신다는 것도 잊고 있었다.

'어머님이 왜 여기에…'

그 순간 살아야겠다는 생각이 번쩍 들었다.

불효 중의 불효가 자식이 부모보다 먼저 죽는 것이다. 어머니는 지금 요양원에서 중환자로 살고 계신다. 그런 어머님께 내가 죽었다는 소식이 알려지면 어떻게 될 것인가. 그 충격을 어떻게 감당하시겠는가. 하늘이 노할 짓이었다. 어머님을 보내기 전까지만은 살아야 했다.

나는 버둥거리다가 간신히 넥타이를 풀고 바닥으로 내려왔다. 멍하니 거울을 보니 목에 선명하게 자국이 생겨 있었다. 마치 내 죄의 증표로 보였다.

나는 옷장을 열고 목이 긴 윗도리를 찾아 입었다. 그리고 바로 어머님이 계신 곳으로 달려갔다. 어머니가 너무너무 보고 싶었다. 어떻게 갔는지도 모르게 도착한 병원에서 병실문을 열고 어머니께 다가갔다. 아무 것도 모르고 누워 계신 어머니를 보니 왈칵 눈물이 터졌다.

어머니의 손을 잡고 한없이 흐느꼈다. 어머니는 말도 못 하고 음식도 호스로 넣어 드려야 하는 중환자셨는데도 내 마음을 아셨는지 눈가에 눈물이 맺히셨다.

지금도 이 글을 쓰면서 내 눈물이 멈추지 않는다.

그렇게 한참을 울고 어머님을 포옹을 하고 난 뒤 뒤돌아섰다. 나는 이제 살아야겠다는 생각밖에는 들지 않았다.

새로운 삶을
시작하며

어머님을 두고 내가 어떻게 먼저 갈 수 있단 말인가.

생각할수록 용서받지 못할 이기적인 마음이었다. 나는 그런 생각을 했던 나 자신을 크게 질책했다. 한순간이라도 그런 마음이 들었던 것이 이해가 가지 않았다.

그러나 이곳 대전에서 재기하기에는 모든 여건이 적당치 않다는 생각이 들었다.

떠나기로 했다.

바로 사무실로 달려갔다. 죽으려고 했던 터라 사무실 비품이며 중요한 물건들도 모두 그대로 놔둔 상태였다. 사무실로 돌아가 중요한 물건들을 챙겼다.

대구에 있는 친구에게 전화를 걸어 박스에 담은 물품들을 배송할 테니 사무실에 좀 맡아 달라는 이야기를 했다.

그날 저녁, 나는 누구에게도 이야기하지 않고 대전을 떠나 대구로 갔다.

그리고 친구의 사무실 뒤쪽에 마련된 조그만 한 칸짜리 방에서 생활하며 하루하루를 살아가게 되었다.

아침엔 일찍 일어나 직원들이 출근하기 전에 깨끗하게 청소를 해 놓았다. 누가 시켜서가 아니라 누군가의 신세를 진다는 사실에 눈치가 보였기 때문이다.

그렇게 몇 달을 보내고 나니 생활비는 바닥이 났다.

가진 돈도 없고 대구라는 낯선 도시에서 무엇을 해야 할지를 고민하고 있을 때 친구가 잘 알고 지내는 지인이 있는데 대리운전으로 생활하고 있다며 한번 만나 보겠느냐고 제안을 했다. 반가운 소식이었다. 운전이라면 돈이나 큰 경력 없이도 바로 시작할 수 있을 것이란 생각이 들었다.

지인을 만나게 해 달라고 하여 많은 대화를 나누어 보았다.

"이 일을 하는 데 큰 어려움은 없습니다만, 이곳 지리를 모르시는데 어떻게 일을 하실 겁니까?"

그 말을 듣고 보니 과연 그랬다. 더구나 나는 운전을 잘 못하는 편이다. 갑자기 자신이 사라지면서 며칠 정도 고민해 보겠다고 하고 자리를 떴지만 시간이 흘러도 딱히 뾰족한 수가 없었다. 한번 자신과 함께 대리운전하는 모습을 지켜보겠느냐는 말에 그렇게도 해 보았지만 점점 더 자신이 없어질 뿐이었다.

그러나 내 앞에 다른 선택지는 없었다. 하루에 단돈 만 원을 벌더라도 무조건 해야 한다는 생각에 대리운전기사로 등록을 마쳤다. 부딪쳐 보기로 한 것이다. 그 과정도 쉽지 않았다. 구비 서류를 갖추고 보험에 가입해야 하고 교육도 받아야 가능한 일이었다.

모든 준비를 마치고 처음 실전에 나가는 날 몹시 무섭기도 하고 떨리기도 했지만 며칠 하고 나면 나아질 거란 희망을 품고 용기를 냈다.

막상 현장에 나가 보니 내가 예상했던 것보다도 더 힘든 상황이 줄줄이 일어났다.

지리를 모르다 보니 출발하기 전에 손님에게 양해를 구해서 주소를 휴대폰 내비게이션에 찍고 안내하는 소리가 들리지 않도록 이어폰을 꼈다. 다행히 첫 손님은 그렇게 목적지까지 데려다주는 데 성공했다. 만 원의 대리운전 요금을 처음 받게 된 그날을 잊지 못한다. 그만큼 너무나도 소중하고 값진 결과였다. 내 힘으로 지리도 전혀 모르는 곳에서 만 원의 첫 수입을 만들 수 있었다는 것이 할 수 있다는 희망을 안겨 주었다.

그러나 기쁨도 잠시, 두 번째 손님은 술에 취한 취객이었다. 주소를 물어도 모른다고 했다. 그냥 자기가 가자는 데로 가자는 것이었다. 신호등을 지날 때마다 어디로 가느냐고 물어가며 얼마쯤을 갔을까, 갑자기 차를 세우라는 것이다. "지리도 모르는 사람이 어떻게 대리 운전을 하시오?" 그는 그렇게 핀잔을 주면서 다른 운전사를 불렀다. 그러기를 수차례, 첫날은 도저히 더 할 수가 없었다. 그래도 그날의 수입 3만 원은 내게 한줄기 희망을 보여 주었다. 나는 긍정적으로 생각하기로 했다. 힘이 들고 많은 어려움이 있더라도 어떻게든 해낼 수 있을 거란 생각이 들었다.

그 후에도 글로 표현할 수 없는 힘겨운 일들이 무수히 많이 있었다. 술 취한 젊은 친구에게 욕설을 듣고 뒷통수를 맞아 가면서 운전해야 했던 일들, 겨울날 추운 새벽에 벌벌 떨면서 대기를 하다가 너무 추운 나머지 팔굽혀펴기를 해서 온기를 보충한 웃지 못할 상황, 손님이 식당에서 밥을 먹고 있는 모습을 보면 너무나 맛있어 보이고 남은 음식들을 내게 좀 주지 않을까 헛된 꿈을 꾸던 일 등등.

그렇게 몇 개월을 끈기 있게 고생한 결과, 마침내 원룸 한 칸의 보증금으로 낼 수 있는 100만 원을 모을 수 있었다.

친구 사무실을 벗어날 수 있다는 것만으로도 너무 행복했다.

더이상 사무실 청소를 하지 않아도 되고 나의 새로운 보금자리가 생겼으니 큰 꿈을 이룬 듯했다.

나는 원래 글 쓰는 걸 좋아하고 메모하는 습관이 있기에 편지도 많이 쓴다. 이 당시엔 하루하루 내가 번 돈과 지출한 금액을 가계부에 기록했다. 그렇게 기록을 하다 보면 지출이 줄어들 수밖에 없었다. 지금도 그 눈물의 가계부를 가지고 있다.

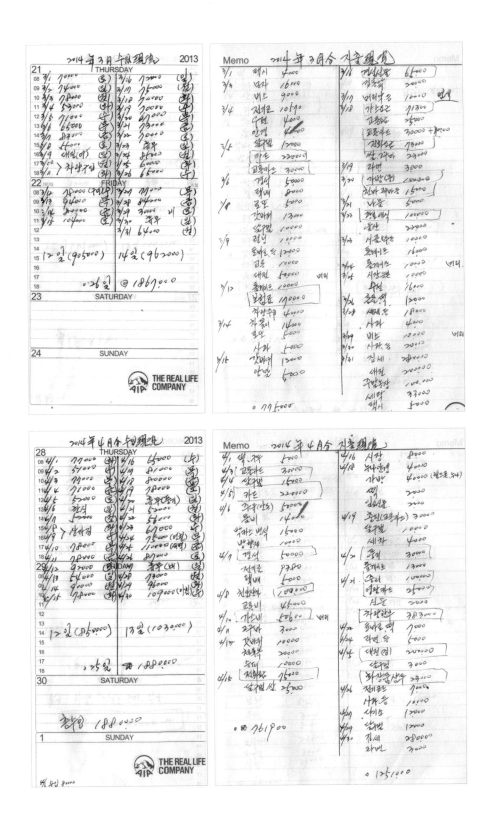

나는 그때까지도 내가 이런 곳에서 이런 일을 하고 있다는 사실을 아무에게도 말하지 않았다. 아내는 물론 자녀들과 친한 친구들에게까지도 모든 것을 숨기고 일하고 있었다. 가족들에게 차마 내 현재 모습을 알릴 수가 없었다. 친구 사무실에서 잘 지내고 있다고 거짓말을 했다. 아내는 그 어떤 불평도 하지 않고 건강만 조심하라는 당부를 했다. 아내 역시 대전에서 얼마나 힘든 생활을 하고 있을까 상상을 할 수 있었지만 지금의 나로선 어떤 도움도 줄 수 없는 상황이었다. 더 열심히 일해서 조금이라도 생활비를 보내야겠다는 마음뿐이었다.

무슨 일이든 최선을 다하다 보면 안정을 찾게 된다.

얼마 전까지만 해도 사장님 소리를 듣던 내가 원룸 한 칸에 만족하며 남의 사무실과 화장실 청소를 해 주고 대리운전을 해 가면서 손님이 주는 만 원에 고개 숙여 감사하고, 과자 한 봉이라도 지출 노트에 기록하고 있다는 것을 나는 부끄럽게 생각하지 않았다.

그것은 내가 한 가정의 가장이었기 때문이다. 매월 몇십 만 원의 생활비라도 보내야 하는 처지에서 책임감이 생겨났다.

하루는 내 사정을 모르는 아들이 내가 다른 곳에서 일하면서 그래도 어느 정도 수입이 있는 줄 알고 급히 2만 원 정도를 송금해 줄 수 있느냐고 전화가 왔다. 그런데 그때 내 수중엔 2만 원도 없었다. 보험료와 세금을 낸 날이었기 때문이다. 그렇다고 아들에게 그런 말을 할 수 있었겠는가?

"카드를 가지고 나오지 않아서 그러니 한 시간쯤 후에 보내 줄게."

이렇게 둘러대고 빨리 밖으로 나갔다. 주머니에 만 원이 잡혔다. 한 손님만 받으면 2만 원을 보내 줄 수 있었다. 그날따라 왜 그렇게 콜이 잡히지 않던지…. 한두 시간을 넘기고 나서야 손님을 받아서 돈을 받고 근처의 CD기로 달려가 송금을 할 수 있었다.

아! 정말로 그 시절을 생각하면 아득하기만 하다. 미래에 대해 아무것도 보장되지 않았던 망망대해를 떠돌던 나날들… 내가 지금 이 글을 쓰면서도 종종 펜을 멈추고 눈시울이 붉어지니 그때는 어떠했으랴.

나는 대리운전을 하면서 너무도 많은 것을 배우고 또 많은 것을 얻었다.

콜을 받는 휴대폰 하나로 어쨌든 생계를 이어 나갈 수 있었고, 손님을 받기 위해 많은 거리를 걷고 뛰기를 반복하느라 건강도 지키게 되었다. 그렇게 해서 번 만 원을 어떻게 쉽게 쓸 수가 있었겠는가. 나는 돈의 소중함을 배웠다.

새로운 취미도 생겼다. 새벽에 신문이 배달될 때까지 손님을 받고 그 후에 늘 신문을 사 가지고 들어가게 된 것이다. 일이 일찍 끝나도 편의점 앞에서 신문이 오기를 기다려 사서 들어가는 일이 습관이 되어 버렸다. 집에 들어가서 특히 사회면이나 경제면을 열심히 읽었고 다음 날 손님을 태우면 그 주제를 가지고 이야기를 나눴다. 많은 대화를 나누면서 대리운전을 할 분이 아니라는 이야기도 듣고 위로도 받았다.

지금도 그 습관 때문에 매일 손에 신문을 들고 다닌다.

이 글을 끝까지 쓰는 이유는 나처럼 위기의 상황에 몰려있는 분에게 절대 절망하지 말라는 이야기를 하고 싶어서다. 나는 지금도 나에게 주어진 일에는 최선을 다하고 있다. 어떤 일이든 부정적으로 생각하지 말고 긍정적인 마인드를 가지고 일했기에 오늘의 나를 만들 수 있었다고 믿고 싶다.

끈질기게 노력하면 반드시 재기할 날은 온다! 믿어라. 그리고 나아가라.

포기하지 않은 그 순간부터 내 운명도 바뀌기 시작했다.

운명을 바꾸어 놓은
팔공산 갓바위

이렇게 수중에 아무것도 없는 상태로 하루하루를 보내고 있을 때 동생에게 전화가 왔다. "오빠, 일이 잘 풀리지 않으면 마음도 수양할 겸 아무 생각하지 말고 2년만 절에 나가 봐."

나는 종교가 따로 없고 지금도 그렇지만 당시엔 지푸라기라도 잡는 심정으로 그 말을 따르기로 했다. 우리 조상님 쪽이 불교를 믿었다는 말도 들었기에 인연이 있을런가 생각했다.

어디를 나가라고 이야기한 적은 없지만 나는 대구에 있는 팔공산 갓바위를 택하게 되었다. 팔공산 갓바위는 많은 사람들이 소원을 빌기 위해 찾아가는 곳이기도 하고 올라가는 데 많은 인내심이 필요한 곳이기도 하다. 이전에 친구들과 소원을 빌어 보겠다고 찾아가 보기도 했었다.

나는 새로 태어나는 기분으로 매월 한 번씩 갓바위에 올라 108 배를 하였다. 108번의 절을 하면서 한 번도 나의 소망을 빌어 본 적이 없었다.

그냥 죄송합니다. 세상을 잘못 살았습니다. 용서해 주십시오 만 외치면서 108배를 하고 하산했다.

평상시엔 마음이 너무도 복잡했지만 절에 갔다 오는 날에는 왠지 마음이 편안해졌다. 그 후로 매월 2년 동안 한 번도 결석한

적 없이 꾸준히 갓바위를 올라갔고 매번 108배를 하면서 용서를 빌고 내려왔다.

시간이 되지 않아서 못 가는 달이 있으면 그다음 달에 두 번을 갔다. 노트에 날짜를 기록해 가며 그렇게 23개월째가 되던 어느 날, 2014년 12월 24일, 나는 그해 열한 번째로 갓바위를 오른 뒤 하산하였다.

다리가 아팠지만 쉴 수는 없는 법, 저녁에 또 대리운전을 하였다. 그날따라 손님도 많았다. 분주하게 다니다 보니 어느새 새벽 2시가 되었다. 흰 눈이 부슬부슬 내리고 있었다. 마지막 손님을 내려 주고 나니 극심한 배고픔이 느껴졌다. 눈이 내려서 옷은 젖어 있지, 배는 고프지, 각설이 못지않은 상황에서 빨리 귀가하기 위해 발걸음을 서둘렀다. 집으로 가는 길은 멀고 멀었다. 한참을 가다 보니 저 앞에 노란색 간판이 어른거렸다.

너무 춥고 배고팠기에 일단 아무 데나 들어가기로 하고 종종걸음으로 다가간 그곳.

그곳이 바로 지금 운영하고 있는 전주명가콩나물국밥집이다.

주린 배를 안고 들어간 식당의 인상은 내게 깊이 각인되었다.

나는 풍선에 적힌 3,800원이라는 문구에 맛도 기대하지 않았다. 그냥 추위만 피하고 몸만 녹여서 나올 셈이었다. 그렇게 기다리고 있다가 마침내 국밥이 나왔다. 따뜻한 김이 솔솔 나는 국밥은 생각했던 것보단 비쥬얼이 좋았다. 한 입을 떠서 호호 불은 후 먹었다.

깜짝 놀랐다. 그 한 순갈이 너무나 맛있었던 것이다! 주린 배가 착각을 일으킨 것일까? 다시 한 순갈을 떴다. 여전히 맛있었다.

한 번 두 번 떠먹다 보니 어느새 국물 한 방울 남기지 않고 깨끗하게 비워 버렸다.

한참을 가만히 앉아 있었다.

물론 맛도 있었지만 3,800원이라는 아주 저렴한 가격이나 식당 분위기나 인테리어 등 모든 것이 마음에 들었다. 순간 이런 식당을 하면 성공할 수 있겠다는 확신이 섰다.

일단 그날은 그대로 집에 왔지만 며칠 동안 계속 콩나물국밥집이 머릿속을 떠나지 않았다.

대구에는 갓바위에 가서 열심히 기도를 하면 한 가지 소원을 들어준다는 소문이 있다. 궁하면 통한다고 했던가. 내게 우주가 어떤 기회를 준 것일까? 지금까지의 모든 이야기들이 우연이 아닌 필연으로서 내게 어떤 가르침을 주려고 한 것이 아닐까 하는 생각이 들었다. 간절하면 통한다는….

2년 동안 소망이 아닌 용서를 빌면서 나 스스로도 깨달은 것이 많았다. 그 깨달음에 대한 보답이 지금 이루어지는 것일까?

그러나 아무리 확신이 있어도 수중에 돈이 없으니 어떡하겠는가.

나는 누이동생을 불렀다. "한 번도 식당을 해 본 적이 없는데 이런 곳이 있더라, 와서 좀 봐 달라."는 부탁을 했다. 동생은 알겠다고 하고 대구로 내려왔다. 마침 내려온 시간이 점심시간이어서 서둘러 동생을 데리고 국밥집으로 향했다.

북적이는 점심시간, 나와 동생은 다시 콩나물국밥집에 앉아 있었다.

동생은 한입 뜨더니 고개를 끄덕였다. 엄지를 척 하고 내밀면서 최고라는 표현을 했다.

"이거면 될 거 같아. 오빠."

불기자심不欺自心, 스스로의 마음을 속이지 말라는 뜻으로, 스스로에게 엄嚴하고 정직正直하게 자신自身과의 약속約束을 지키라는 말이다.

나 스스로의 허물을 바라보았던 팔공산 갓바위에서의 기도가 내게 무엇을 안겨 주었는지는 잘 모르겠다. 하지만 나는 그저 나에게, 주변사람에게, 모두에게 진심으로 대할 것을 맹세했다.

어떻게 딱 2년 만에 콩나물국밥집을 볼 수 있었으며 그곳을 운영하겠다는 마음이 들었는지, 또 소원대로 할 수 있게 되었는지 지금도 궁금할 뿐이다.

나는 훗날 2호점부터 5호점까지 오픈하면서부터, 꼭 첫 번째 손님이 지불한 현금을 고이 봉투에 넣어 두었다가 팔공산 갓바위를 가는 날이면 불전함에 넣고 있다.

부디 하늘 앞에 당당할 수 있기만을 바라고 있다.

종종 펜을 멈추고 손수건을 꺼내어 눈가를 문지르면서도 이 이야기를 쓰는 것은 나와 같은 처지에 있는 사람에게 희망을 주고 싶어서다. 또 이 책은 '소상공인'들에게 조금이나마 도움이 될까 하여 쓰게 된 책이기도 하다. 지금까지 체인점 본사를 운영하는 CEO나 큰 기업을 운영하는 CEO가 성공담을 책으로 만든 경우는 많았지만 직접 체인점을 운영하는 점주가 작은 성공을 거두면서 느껴 온 이야기들을 책으로 쓴 경우는 많지 않을 것이다. 크게 식당을 한 사람들의 자서전은 많지만 비교적 소규모의 식당을 차리는 분들을 위한 팁은 거의 없는 편이기도 하다. 그래서 내 경험을 알리고 싶었다. 부디 마음 한편도 따뜻해지고 미래에 대한 희망도 걸어 볼 수 있는 기회를 가지게 되면 좋겠다.

이 작은 느낌 하나하나가 지금 이 순간 어렵게 창업을 생각하는 많은 분들에게 조금이라도 도움이 되기를 바란다.

식당이
Open되다

의논 끝에 고맙게도 동생이 흔쾌히 창업비용을 얼마간 대 주기로 했다. 부족한 돈은 은행에서 대출을 받았다. 딸 소영이마저 저금해 온 돈을 아비에게 주었다. 그렇게 힘들게 세우게 된 것이 바로 지금의 전주명가콩나물국밥 1호점(안동옥동점)이다.

창업 전 우선 체인점 본사에 전화를 걸었다. 얼마 정도의 비용이 들어가는지 알기 위해서였다. 문의한 결과 가맹비 및 시설비 등 꽤 많은 돈이 필요하였으며 미리 점포를 얻을 위치를 선정해 놓아야 했다.

안동으로 달려가 점포를 구하기 위해 많은 노력을 했다. 가게를 열고 싶다고 무조건 체인을 내어 주는 것이 아니다. 예비 점주가 어느 곳이 괜찮겠다고 점포를 선정해 놓으면, 본사에서 내려와 상권분석을 한다. OK 통보를 받아야 정식으로 점포 계약을 맺을 수 있다.

나는 점포가 들어설 수 있는 몇 곳을 미리 눈여겨봐 두었다가 본사 직원 및 다른 곳의 가맹 점주가 함께 내려와서 분석한 후 최종적으로 자리를 선정해 주어 정식 계약을 하게 되었다.

점포 주인과 먼저 계약을 하고, 다시 본사와 가맹점 계약을 한 뒤 계약금을 지불하고 시설 공사를 시작했다. 공사에는 보통 1개월 정도가 소요된다. 점포 크기에 따라 시설비가 다르게 책정되며 우리 회사의 경우 30평을 기준으로 금액이 정해져 있다. 30평 이상일 경우엔 추가 시설비가 들어가는 것이다. 그러니 처음 시작하는 사람이라면 너무 큰 평수의 점포보다는 적당한 크기의 점포를 고르는 것이 부담이 적음을 염두에 두길 바란다.

나는 그렇게 우연히 시작된 식당을 모든 것을 바쳐 운영했다.

한 번도 해 보지 않았던 식당운영이었기에 어디서부터 어떻게 해야 할지 몰랐지만 무조건 최선을 다했다. 모든 투자금이 남의 돈이었으니 내가 얼마나 절박했는지 짐작이 갈 것이다. 시간 가는 줄도 모르고 식당에서 시간을 보냈다.

식탁 밑에서 새우잠을 자고 일어나 또 일을 했다. 손님 한 사람 한 사람에게 정성을 다했다. 들어온 돈을 계산해 볼 시간도 없었고 돈을 써 볼 수 있는 시간도 없었다. 너무 일을 열심히 했던 아내는 갑작스레 팔을 너무 많이 쓴 탓에 회전근개에 이상이 생겨 수술까지 받게 되었다.

모든 직원들에게 빠짐없이 친절교육이란 것을 시켜 가며 식당 운영을 한 지 6개월째 되던 날, 마침내 그동안 모은 돈을 꺼내 정리를 하는 시간을 가졌다.

세상에! 상상도 못 했던 수익이 쌓여 있었다.

꿈 같았다. 식당 준비를 할 때 빌린 돈 모두를 갚을 수 있었다. 하늘에 감사했다. 눈물이 흘렀다.

'감사합니다. 정말로 감사합니다.'

그날 내가 목숨을 끊었다면 이런 일을 겪을 수 있었겠는가! 두 번째 삶을 살기로 한 그날의 나를 칭찬하고 또 칭찬해 주고 싶었다. 인생은 끝까지 살아 보아야 안다는 말은 진실이었다. 아내를 꼭 안고 수고했다고 말해 주었다. 이제 가장 어두운 시기는 지났음을 어렴풋이 느낄 수 있었다.

평소 심한 일을 하지 않았던 아내는 오랜 입원기간을 지나 이제는 다시 열심히 일을 하고 있다. 늦은 나이에 나를 돕느라 병원 신세까지 진 아내를 생각하면 눈물이 난다. 아내는 끝까지 나를 믿고 따라 주었다.

결혼해서 배우자에게 절대 하지 말아야 할 것이 비교라고 한다. 남보다 잘났든 못났든 비교하지 말라고 한다. 하지만 나는 나의 아내를 보면 세상 어떤 여인보다 고맙고 소중하고 사랑스러운

▎사랑하는 아내

여인이라고 비교하고 싶어진다. 충분히 불평을 하고 화를 낼 수 있었던 상황이었다. 나의 결심을 믿지 못하고 눈총을 보낼 수 있었던 상황이었다. 하지만 아내는 내 마지막 도전을 받아들여 주었고 끝까지 함께해 주었다. 지면을 빌어서 다시금 고맙고 사랑한다는 말을 전한다.

식당은 나와 아내의 세 번째 아이와도 같았다. 절대 잃어서는 안 될, 운명을 건 최후의 보루였다. 지칠 여유도, 포기할 여유도 없었다. 그런 것들은 사치스러운, 우리가 생각해서는 안 될 감정이었다.

▮북적이는 손님들

　나는 장사를 하는 사람이든 회사에서 일하는 사람이든, 꼭 이
말을 명심하라고 전하고 싶다. 일을 하면서 힘들 수도 있고 포기
하고 싶을 수도 있다. 그 모든 감정들을 너무 진지하게 받아들이
지 말길 바란다. 마음이란 천변만화하는 것이 본성이기에 때에
따라 사람을 기고만장하게 만들기도 하고 모든 게 끝났다고 여기
게 하기도 한다. 그런 마음의 소리에 걸려들지 말라. 그런 소리가
크게 들릴수록 더욱더 현재 자신이 하고 있는 일에 지쳐 나자빠
질 때까지 몰입하기를 권하고 싶다. 때로는 마음보다 몸이 훨씬
정직한 이야기를 들려주는 법이다.

　정말 하루하루가 간절한 상황이었지만 그렇게 노력한 만큼 되
돌아오게 되어 참으로 기쁘다.

지금 나를 보는 많은 사람들은 전혀 고생 없이 식당이 잘 운영되는 것으로 보인다고들 한다. 그러나 그 이면에는 많은 고생과 좌절, 고통이 있었고 그 고통을 잘 참아 내고 인내했던 나날이 있었다.

나 스스로에게 부끄러움 없이 최선을 다했다.

궁하면 통한다는 것을 믿길 바란다.

존경받고 싶다면
직원들에게 감동을 줘라

오늘 이 책을 쓰면서 눈을 감고 생각에 잠겨 보았다.

책이 나오면 우리 직원 모두가 읽어 볼 텐데 과연 나는 솔직하게 표현을 했을까? 거짓은 없었는가? 우리 직원들은 내가 생각하는 것처럼 생각하고 있을 것인가?

그래도 나름대로 있는 그대로를 글로 옮겼다고 생각하고 싶다.

나는 진심으로 우리 직원 모두가 건강하게 오랫동안 나와 함께할 수 있었으면 하는 마음이 간절하다.

많은 직원들이 우리 가게에 와서 오랜 기간 동안 소중한 시기를 보내고 있다. 그들이 나를 위해 써 주는 시간은 무엇과도 바꿀 수 없다. 그들은 자신들의 '인생'을 투자하고 있는 것이다. 가게가 잘 굴러갈 수 있도록 열심히 일해 주는 그들에게 깊은 존경의 마음을 바친다. 그들이 나이가 들어 일하지 못하게 되면 어떤 보답을 해 줄 수 있을까? 늘 걱정이 된다.

우리 직원 모두가 잘 알고 있다. 사장님은 업무상의 잘못은 용납하지 않는다는 것을. 하지만 개인적인 면에서는 누구보다 많은 배려를 하고 있다는 것을.

나는 사업을 하면서 부도가 났던 상황을 지금에 와서 또다시 겪고 싶지 않다. 그렇기 때문에 절대 업무상 잘못된 것을 그냥 지나치지 않는다. 아무리 작은 것이라도 그것들이 쌓이면 태산처럼 변하기 때문이다.

사소한 것을 지켜 내지 못하면 큰 것을 잃게 된다.

역사상 최악의 사고 중 하나로 꼽히는 체르노빌 원전 사고에 대해서 들어 본 적이 있을 것이다. 사고를 막을 수 있는 찬스가 있었지만 모두들 위험 신호를 무시하였고, 결국 원전이 폭발한 체르노빌은 사람이 살 수 없는 유령도시가 되었다. 알고 보니 그 당시에도 문제가 있었지만 기계를 구성하는 부품 중 하나에 치명적인 결함이 있었다. 그러나 러시아 측에서는 이 부품을 바꿔야 한다는 말을 듣고도 무시해 버렸다. '그런 것 하나쯤이야.' 하고 생각했을 것이다.

작은 돌이 거대한 탑을 무너트린다는 것은 어떤 상황, 어떤 분야에 있어서도 틀린 말이 아니다.

나는 이 사실을 잘 알기에 직원들과 나 모두가 잘못될 수 있는 실수는 용납할 수가 없다.

용서할 수 없는 일에 속하는 것은 다음과 같다.

우선 손님들에게 불친절한 행위, 그러니까 말을 함부로 한다거나 인사를 하지 않는다거나 장갑을 낀 채로 음식을 서빙한다든가 하는 행위이다. 이는 영업에 심각하게 영향을 줄 수 있기 때문에 반드시 고쳐야 한다.

그러나 실수로 그릇을 깼다거나, 카운터에서 계산을 잘못하여 착오가 생겼다거나 하는 문제는 너그럽게 용서하고 넘어간다. 이러한 실수는 본인들도 실수라는 걸 잘 알고 있고 미안해하기에 주의를 기울여서 다시 발생하지 않을 가능성이 높다. 하지만, 손님들께 불친절하거나 말을 함부로 하는 행위 등은 본인 스스로가 그것이 잘못이란 걸 인식하지 못하는 경우가 많다. 때문에 일일이 말을 해서 고쳐 주어야 한다.

또 육수를 끓이는데 멸치를 넣어야 하는 단계에서 고추를 넣어 버린 경우도 그냥 넘어가야 하는 사안이 아니다. 그것은 일을 할 때 긴장하지 않고 집중하지 않았기 때문에 생기는 일이며, 잘못 만들어진 육수는 전부 버려야 하기에 식당을 운영하는 입장으로서 리스크가 너무 크게 돌아오게 된다. 때문에 단단히 이야기하여 같은 상황이 절대 되풀이되지 않도록 한다.

직원에게 주의를 줄 때는 모욕을 주어 가며 질책하지는 말길 바란다. 아무리 본인이 잘못했더라도 심하게 혼나면 기분이 상하기 마련이다. '죄를 미워하되 사람은 미워하지 말라'는 말처럼 직원에게 인신공격을 퍼붓지 말고("이거 하나 똑바로 못해!") 직원이 잘못한 행동에 대해서만 이야기하도록 하라. 직접 직원에게 이것이 잘못된 이유를 확실히 알려 주고 꾸중을 하길 바란다.

나는 이렇듯 확실히 고쳐야 할 점에 대해서는 냉정하게 대처하나, 개인적으로는, 특히 직원들의 경제적 개인사에 있어서는 어떤 어려움이라도 모두 해결해 주려고 노력하고 있다. 집안 사정이 안 좋다고 하면 월급을 가불해 주기도 한다. 그 정도는 내가 해 줄 수 있다고 생각하고, 또 그렇게 도움을 받은 직원은 더욱 열심히 일해 주기 때문에 서로서로 좋다.

▌명절날 거래처에서 받은 선물을 직원들에게 나눠 주며

▌직원들에게 준 빼빼로

나는 무엇이든 우리 직원들에게 주고 싶다. 이건 내 진심이다. 길거리를 가다가 맛있는 음식이 보이면 나도 모르게 직원들 얼굴이 스쳐 지나간다. 그들에게 줄 물건들을 살 때면 돈이 아깝지 않다. 나는 내 식구들에게도 그런 생각으로 살아오지 못했었다. 이제는 직원들에게 무한정 주고 싶은 마음뿐이다. 직원을 관리하는 실장들에게도 늘 '직원들에게 잘해 줘라, 직원들에게 잘해 줘서 손해나는 것이 없다'는 것을 수십 번 강조한다.

이런 진심을 잘 알기에 우리 직원들이 나를 존경해 주고 힘들 땐 걱정의 말을 건네거나 위로를 해 주기도 한다고 생각한다. 마음과 마음은 통하는 것 같아 다행이다.

이 책에는 우리 직원들의 단체사진이 실려 있다. 야유회에 갔을 때의 사진이다. 사진을 보면 모두가 똑같은 복장에 저마다 이름표를 걸고 환하게 웃고 있다. 식당은 야유회 자체를 가는 곳이 거의 없고, 간다고 해도 그냥 수건 한 장만 목에 걸고 가는 것이 보통이다. 하지만 나는 모자와 옷을 맞춰 입고 이름표를 목에 달고 가도록 했다. 우리 직원들이 그냥 '식당 종업원'이 아니라 '전주명가콩나물국밥'이라는 큰 회사에 근무하는 직원들이기 때문이다. 책상 앞에 앉아서 일하는 사람들만큼이나 중요한 일을 하고 있기 때문이다. 내 이름을 알릴 수 있는 명찰을 목에 달아 주는 것은 그들에게 그런 믿음을 전달하고자 하는 나의 작은 소망이자 배려다.

사람은 사소한 것을 통해 자신을 돌아보는 이미지가 달라진다. '옷이 사람을 만든다'는 말도 있듯이 복장은 단순히 멋을 내기 위함을 넘어서 스스로에게 자존감을 부여해 줄 수 있는 아이템이다. 우리 직원들은 대기업 회사원들만큼이나 훌륭하다. 모두들 그 사실을 알았으면 좋겠다.

▌워크숍

▌직원들의 제주도 여행

직원들에게

한 달에 한 번씩 이렇게 자리를 함께할 수 있다는 것만으로도 다른 업소들보다 경쟁력이 앞서는 증거가 아닐까 합니다. 잠시 불편함이 있겠지만, 지난달의 매출을 확인해 보고 이번 달의 목표를 세워 보면서 이야기를 나눌 수 있어 한마음이 됩니다.

저는 오너로 조금 여유가 있어 이렇게 식당을 차리게 되었지만, 차리고 난 후의 식당은 온전히 여러분의 것입니다. 여러분이 주인입니다.

여러분들이 얼마나 열심히 해 주느냐에 따라 여러분들의 급료도 늘어나는 것이고, 여러분들이 열심히 해 주신 덕분에 저 또한 이 어려운 시기에 얼마라도 이익금을 가져갈 수 있는 것입니다.

여러분들이 보시기에 사장은 편하게 보일지 몰라도 항상 긴장된 상태에서 하루하루를 보내고 있습니다.

　야간에 일할 직원이 없으면 야근을 하고, 직원이 다치면 병원을 가고, 갑자기 기계가 고장 났다고 하면 새벽 몇 시에도 식당에 달려와야 합니다.

　때로는 여러분들처럼 단순한 노동 한 가지만 했으면 할 때도 있습니다.

　호숫가의 오리가 평온하게 떠 있는 것 같지만 보이지 않는 물 아래서는 끊임없이 발장구를 치며 물을 저어 가듯 저 또한 마찬가지입니다.

　여러분들이 생각지 못한 많은 일들을 감당하면서 어떻게 하면 매출을 더 올릴 수 있을까를 걱정하고 연구하고 고민하고 있습니다.

　그런 저를 옆에서 든든하게 지켜 주는 여러분이 없더라면 어떻게 이 자리에 있을 수 있을까요.

　하루하루가 고되지만 그래도 우리의 삶을 꾸려 나가는 데 언제나 도움이 되는 날들이었으면 좋겠습니다.

　오늘 하루도 다 함께 파이팅을 외쳐 봅시다. 그리고 우리의 삶을 가꾸어 나가 봅시다. 감사합니다.

나의
친구에게

나는 오늘 이 책을 쓰면서 꼭 소개하고 싶은 사람이 있다.

평생을 살면서 진정한 마음을 나눌 수 있는 친구 한 명만 있어도 인생을 잘 살았다고들 한다.

내가 이 자리까지 올 수 있었던 것은 어쩌면 이 소중한 친구의 배려와 가르침, 그리고 그가 불어넣어 준 큰 용기 덕분에 가능했을지도 모른다.

나이는 한두 살 많지만 처음 사회 초년생으로 만나 30년을 한결같은 마음으로 많은 도움을 준 친구. 객지에서 만나 지금까지 슬플 때나 기쁠 때 함께 웃어 주고 함께 아파해 주던 친구. 부도가 나고 대전을 떠나던 날에도 어쩌면 내 자신보다 본인의 사업이 더 힘들었을 테지만 말없이 급한 곳부터 쓰라고 큰 액수의 돈을 건네주던 친구. 내가 떠난 후 오랜 기간 연락을 못 했지만 단한 번도 원망하지 않고 오히려 우리 가족들을 걱정해 주던 친구. 너는 꼭 성공해서 돌아올 거라고 늘 용기와 힘을 주던 그런 친구가 있었기에 나는 매일 매일 그 친구의 얼굴을 떠올리며 이를 악물고 하루하루를 보냈던 것 같다.

내가 어려운 사람들이나 직원들에게 조금씩 배려하는 것은 바로 나의 소중한 친구 〈기린에스아이〉 최병구 대표에게서 배운 교훈을 실천하기 위함인지도 모른다.

우리가 30대에 객지에서 처음 만나 벌써 환갑이 지났으니 앞으로도 변함없이 건강한 모습으로 또다시 30년을 함께할 수 있기를 기대해 보고 싶다.

▌친구 최병구와 함께

2장

식당의
첫 시작과
운영에 관한
모든 것

꼭 지켜야 할
한 가지

처음 시작할 때 시장 조사를 하면서 근처 몇몇 군데의 식당을 돌아보았다. 경상도 사람들이라 그런지 손님을 맞이할 때 인사도 없고 전혀 친절하지가 않다는 점에 깜짝 놀랐다. 기본적으로 서비스 정신이라는 것이 없었다. 으레 식당은 다 그러려니 하고 있는 것 같았다.

나의 '회사'까지 그렇게 만들고 싶지는 않았다. 나만의 철학을 세워야 했다. 우리는 이미 가격 면에서 독보적으로 차별화가 되어 있다. 나는 여기에 '친절'이라는 또 다른 차별화 아이템을 추가하기로 했다.

개업하고 모든 종업원들에게 당부 또 당부를 했다.

"무조건, 손님이 오면 인사를 하도록 하세요. 5명의 손님이 오면 5번의 인사를 하는 겁니다. 일을 하고 있어도 문이 열리는 소리가 들리면 꼭 인사를 해야 합니다."

까탈스러운 사장이라고 생각했을 수도 있겠지만, 직원들은 내 말을 잘 따라 주었다.

그렇게 식당을 열심히 운영하던 어느 날, 인터넷에 후기가 올라왔다.

> 전주명가콩나물국밥집이라는 곳에 식사하러 갔는데, 들어가자마자 산에서 메아리가 울리는 것처럼 여기서 어서 오세요, 저기서 어서 오세요 하며 인사를 받아 너무 기분이 좋았습니다. 음식 맛도 좋았고 직원분도 다들 친절하셔서 큰 감동을 받았습니다.

그 손님은 한 명만 인사를 하는 것도 아니고 모든 사람들이 인사를 하며 환대하는 경험이 충격적으로 느껴진 것이다.

'그까짓 인사 하나가 뭐라고?'라고 생각하지 말길 바란다. 사람은 누구나 대접받는 것을 좋아한다. 활기찬 분위기에서 식사하는 것도 좋아한다. 인사와 같은 이런 사소한 요소가 정말 큰 차이를 만들어 낸다. 손님에게 '이곳은 활기차고 건강한 곳이다! 음식맛도 좋을 거야!'라는 생각을 심어 주고 힐링이 된다.

식당을 오픈하게 된다면 직원이 단 한 명뿐이더라도, 손님이 단 한 명만 들어왔더라도 큰 소리로 우렁차고 활기찬 인사를 하도록 하라. 손님의 기분도 좋아지고 인사를 하는 당사자도 더욱 힘이 난다. 흔히 '생각이 먼저, 행동은 나중'이라고 여기는데 그렇지 않다. '행동이 먼저 나오면 생각도 바뀐다.' 우리의 뇌는 단순해서 먼저 어떤 행동을 하면 그 행동에 맞는 생각과 감정을 내보낸다. 앉아서 알아서 힘이 솟기를 기다리지 말라. 고민이 있을 때 밖에 나가 친구도 만나고 산책도 하다 보면 어느새 걱정거리가 사라지고 스트레스가 풀려 있는 경험을 한 적이 있을 것이다. 식당일도 똑같다. 고된 식당일을 즐겁게, 능률적으로 하려면 행동부터 싹싹, 씩씩하게 바꾸자.

본사 대표님은 안동옥동점은 5천만 원을 매출목표로 보았으나 점주의 지속적인 관리와 친절로 1억 원의 매출을 달성하게 되었다며 음식맛, 점주의 친절, 종업원들의 인사가 똑같은 콩나물 국밥을 더욱 맛있게 하여 그러한 결과를 낼 수 있었다고 칭찬하셨다.

나는 지금도 지속적이고 주기적인 교육이 필요하다고 느낀다. 뭐든지 시간이 지나서 해이해지지 않으려면 중간중간 다잡아 주는 일이 필요하다.

무슨 일을 하든 어느 정도 정해진 규율은 있어야 하고, 기본적 규율은 꼭 지켜져야 한다. 절대 물러설 수 없는 마지노선이 있어야 사업이 잘 굴러갈 수 있다. 여기서 규율을 딱딱하게 정해진 매뉴얼로 생각하지 말고, '내가 가지고 있는 직업적 도리 혹은 신념을 구체화시킨 것'으로 보았으면 한다. 내가 지향하는, 내가 표방하는 식당으로서의 가치가 무엇인지 확실하게 정하고 거기에 따라 행동할 수 있는 규율을 만들어야 한다. 그리고 마음 깊은 곳에서부터 진심이 우러나와 체화될 수 있도록 해야 한다.

처음에는 식당에 무슨 교육이 이렇게 자주 있느냐 불평도 많았다. "지금은 도움이 되지 않을 것이라 느끼겠지만 자꾸 듣다 보면 좋은 결과가 있을 것"이라고 꾸준히 설득했다. 결국 나중에는 직원들 스스로가 '이렇게 해 보니 뭔가 다르다'는 점을 느끼고 새로운 인식을 가지게 되었다. 이제는 모든 직원이 그러한 자각을 바탕으로 적극적으로 교육에 임하고 있다. 교육이 끝난 후에는 서로에게 도움이 될 만한 이야기들을 한다. 늘 개선을 추구하면서도 오순도순 화기애애한 분위기가 이루어져 참 다행이라고 생각하고 있다.

나는 전주명가콩나물국밥이라는
한 편의 영화를 찍는 감독이다

처음 가게를 열고 직원들 교육을 시키면서 나는 이렇게 이야기했다.

"저는 전주명가콩나물국밥이라는 영화 한 편을 찍는 감독입니다. 여러분들은 이 영화의 주인공인 배우들입니다. 저, 감독은 여기에 모든 것을 투자했기 때문에 이 영화가 망하면 심각한 경제적 어려움에 처해집니다. 그러나 배우들(여러분)은 다른 곳에 가면 그만입니다. 그러나, 흥행에 실패하여 다른 곳으로 가는 것보다는, 감독과 배우가 열심히 합작해서 1,000만 관객을 만들어 보기로 합시다. 감독은 감독이 해야 할 일을 열심히 하고 직원 교육에서부터 재료, 음식 개발 등을 맡습니다. 배우는 배우가 해야 할 일을 합니다. 즉 인사를 철저히 하고 상냥하게 안내하며, 주방은 주방에서의 모든 책임을, 홀 직원은 홀에서의 친절함을 몸에 익힙니다. 그렇게만 해 준다면 10만 관객에서 100만, 1,000만 관객까지도 만들 수 있을 것입니다. 손익분기점에 도달하면 여러분들의 몸값을 올려 인센티브를 제공하겠습니다. 저는 배우들에게 자기가 해야 할 일 이외의 일은 시키지 않겠습니다. 맡은 일만 열심히 해 주십시오. 오직 손님에게 최선을 다해 주길 바랄 뿐입니다."

내가 처음 1호점(안동옥동점)을 오픈하면서 직원들을 모아 놓고 첫 번째 교육을 시키는 자리에서 했던 말이다. 절대 어디에서 인용한 내용이 아니다. 내 진심을 담아서 이야기했다.

여기에서 1,000만 관객은 월 매출 1억을 말한다.

우리는 모두 합심해서 오픈 첫 번째 달인 2014년 2월에 5,600만 원의 매출을 올렸고, 그해 12월 마침내 꿈에 그리던 관객 1,000만(매출 1억 648만) 목표를 달성하게 되었다. 그 당시 한 그릇에 3,800원짜리 콩나물 국밥으로 28평의 가게에서 월 매출 1억 648만 원을 만들었다는 것은 상상도 못 할 일이었다. (지금은 가격이 올라 한 그릇에 4,300원이 되었다.)

꿈은 이루어진다는 속담, 간절하면 이루어진다는 말. 그것은 거짓이 아니었다. 우리는 모두가 한마음 한뜻이 되어 이루어 낸 것이다.

그 고마운 초기 직원들이 이 책에 사진으로 남아 있는 제주도 여행을 다녀온 오픈 멤버들이다. 나는 그분들에게 "여러분들은 우리 집의 보물 같은 사람들이니 아무리 나이가 많아도 스스로 나가지 않는 한 절대 내가 먼저 나가라고 하지 않겠다"는 약속을 했다.

한마음 한뜻이 되어 오로지 손님들만을 생각하며 달려온 결과가 이렇게 커다란 결실을 맺게 되었다. 현재 나머지 2, 3, 4, 5호점 역시 평균 600만 관객을 돌파하고 있으며 머지않아 1,000만 관객을 달성하리라 믿고 열심히 응원하고 있다. 직원 모두에게 다시 한번 고마운 마음을 전한다.

감독이라는 막중한 책무가 힘겨울 때는 나를 위해 일해 주는 배우들을 떠올린다. 필름이 잘 돌아가야 좋은 화면이 나오듯, 카메라를 점검하고 잘못된 점이 있나 없나 확인하고 살피는 관리자의 역할을 충실히 한다. 그러기 위해선 감독이 주의 깊게 배우들을 관찰하듯 손 놓고 있지 말고 꾸준히 식당이 잘 돌아가는지 점검해야 한다. 배우들이 훌륭하게 열연하였다면 약속대로 충실히 보답하는 것은 물론이다.

일을 시킬 때는 정확하게 지침을 내려 주고 그것만 잘하기를 요구하는 것이 좋다. 들었을 때 딱 알아들을 수 있는, '이것만 하

■ 식당내부

면 된다'고 확실히 파악할 수 있는 그런 요구를 해라. 그래야 책
임관계도 분명해져 다들 안심하고 저마다의 역할을 다한다. 헷갈
리게 하지 말고 정확히 지시하라. 나는 사장, 즉 감독으로서 해야
할 일은 충실히 다 했다. 직원들에게도 처음 요구한 것 이상의 일
을 시키지 않았다. 서로 신뢰관계로 똘똘 뭉쳐 하나의 골을 향해
달린 결과 필름이 잘 돌아갈 수 있었다. 명작을 찍을 수 있었던
것은 모두 이러한 덕택이다.

작은 식당이지만
회사처럼 운영하고 회사처럼 대우하라

앞서도 말했지만 나는 식당을 운영하고 있어도 직원들과의 미팅 자리에서 한 번도 일터를 '식당'이라고 칭한 적이 없다. 항상 회사라고 말한다. 가게에서 일해 주는 직원들을 칭할 때도 마찬가지다. '종업원'이 아니라 '직원'이라고 말한다. 식당 종업원보다는 회사 직원이 듣기에도 좋다.

말로만 그렇게 하는 것이 아니라 정말 회사를 운영하는 것처럼 실장과 부장을 두고 있으며, 작지만 휴가비, 명절상여금, 명절선물, 일일수당, 월 매출에 대한 인센티브 등 모두를 챙겨 주고 있다.

실장은 사장을 대신하는 사람이고, 부장은 실장의 부재 시 실장 역할을 하는 사람이다. 내가 이렇게 굳이 실장과 부장을 둔 이유는 이렇다. 일단 매장을 다섯 곳이나 운영하기에 내가 모든 매장에 상주할 수 없다. 그렇다고 그대로 식당이 알아서 굴러갈 것이라 믿고 내버려 둘 수도 없다. 대신 관리할 수 있는 사람을 뽑아야 했다. 물론 많은 조건을 보아야 한다. 직원 전체를 잘 통솔할 수 있는 리더십이 있어야 하고, 조직을 관리할 수 있어야 한다. 그렇기에 실장은 관리수당으로서 일반 직원보다 월급을 더 지급해 주고 있다.

모든 지시는 실장을 통해서만 이루어지며, 직원이 어떤 부탁이나 하고 싶은 이야기가 있어도 내가 아니라 실장을 통해서 이야기하도록 한다. 불편한 일이 생겨도 내가 꾸지람을 하기보다는 실장을 통해서 할 수 있도록 하는 편이다. 내가 모든 매장에 있을 수 없는데 실장의 권위가 떨어지면 그 매장에서의 질서가 제대로 잡힐 수가 없다. 그렇게 상하관계를 분명히 하여야 잡음이 없이 순탄하게 흘러갈 수 있다.

직원들에게 봉급을 줄 때도 위에서 언급했던 것처럼 목표매출을 달성하면 회사처럼 인센티브가 붙는다.

일단 매월 일반적인 기본급을 지불하며, 하루 매출을 기준으로 지급하는 일일 수당이 있다. 예를 들어 직원 1인당 일 매출 30만 원을 기준으로 잡는다 치자. 만일 주간 직원 5명이 근무했다면 일 매출 150만, 4명이 근무했다면 120만 원의 매출이 달성되어야 한다. 그러면 약속했던 일일수당을 지급한다. 물론 그 이상의 매출이 달성되면 더 많이 지급되어야 한다. 월 인센티브도 있다. 월 인센티브는 1인 기준 1,000만 원으로, 6명이 근무하는 매장은 6,000만 원, 5명이 근무하는 매장은 5,000만 원의 매출이 달성되면 제공하고 있다. 이렇게 우리 식당 직원들은 기본급+일일수당+월인센티브를 받기에 다른 곳보다 똑같은 시간의 근무를 해도 수령액에 많은 차이가 난다.

일일 수당은 주간, 야간의 목표 금액을 다르게 정해 놓고 지급하지만, 월 매출에 대한 인센티브는 주간, 야간을 통틀어 함께 이루어 낸 총매출로 보고 목표 금액만큼 달성되었을 때 모든 직원에게 같은 금액의 인센티브를 지급한다.

▌월말에 직원들에게 인센티브 지급

그렇기에 직원들은 하루하루의 매출뿐만 아니라 월 매출에 대해서도 관심이 많아져 매월 20일쯤이 되면 모두가 긴장하게 된다. 식당에 나가 보면 직원들끼리 서로 노력하고 신경 쓰는 것이 눈에 보일 정도로 열심히 하고 있어 안쓰러울 때도 있다.

큰 금액의 인센티브는 아니더라도 똑같은 한 달을 근무하고 성과급을 더 받을 수 있는 기회는 매력적이다. 한 달 근무를 하고 나서 목표가 달성되면 책임을 다했다는 자신감이 생기니 기분도 좋다. 매출이 부족한 듯하다가도 직원 모두가 걱정하고 신경을 쓰다 보면 결국 그 목표가 이루어지기도 한다. 서로 긴장하며 목표를 이루기 위해 노력하는 모습이 이처럼 너무도 큰 도움이 되고 있다.

장사를 할 때는 나를 위해 일해 주는 직원들에게 플러스알파를 보상해 주는 게 좋다. 처음엔 손해를 볼까 두려울 수 있지만 장기적으로 봤을 때 많은 도움이 되기 때문에 망설이지 말고 시작해 보길 바란다.

이렇게 하다 보니 운영하는 내 자신도 식당을 운영하는 것이 아니라 회사를 운영한다고 생각하게 되고, 직원들 역시 식당에 가는 것이 아니라 회사에 가는 것으로 여기게 된다. 자연스레 실장님 눈치를 보고 긴장하게 된다. 적당한 긴장은 활력이 되어 에너지를 솟구치게 만든다.

직원들을 마구 감시하라는 뜻이 아니다. 필요할 때 외에 호통치고 모욕해선 안 된다. '직원들이 남에 의해서가 아닌 스스로의 의지로' 일을 할 수 있도록 하라는 것이다. 사장은 그저 약간의 토양만 마련해 주면 된다. 목표를 정해 놓고 스스로 그 목표를 향해 뛰어가는 데 있어서 적절히 균형을 잡아 줄 줄 알아야 한다.

나는 특별한 일이 없는 한 직원들이 출근하기 전 1시간에서 30분 정도 먼저 출근해 카운터를 지킨다. 전날 잠을 자지 않았어도 출근과 교대가 이루어지는 것을 보고 나서야 잠을 청한다. 실장들에게도 직원보다 일찍 출근해야 된다는 교육을 철저하게 시키고 있다.

아침에 일찍 나가 직원들을 기다리고 있으면 창밖 멀리서 열심히 직원들이 뛰어오는 것을 볼 수가 있다. 사장이 카운터에서 기다리고 있다는 사실을 알고 있기 때문이다.

이러한 사소한 것을 잘 지키다 보니 지금의 자리가 만들어졌다고 할 수 있겠다.

직원들의 급료(기본급)는
어떻게 책정하는가?

어느 직장이든 나름대로 급료를 책정하는 기준이 있을 것이다. 식당 또한 마찬가지로 기준을 두고 있다. 나는 나만의 기준을 두어 일을 열심히 잘하는 직원에게는 근무 기간에 관계없이 기본급을 올려 주기도 한다.

처음에는 새로 들어오는 직원들 중 누가 일을 잘하는지를 모르는 상태이기 때문에 일단 3개월 동안은 기본이 얼마라는 금액을 정해 놓는다. 다른 식당에서 아무리 오랫동안 근무하였더라도 우리 일에 익숙해지기까지는 시간이 필요하기 때문이다. 그 3개월을 수습기간으로 보아 3개월이 지나면 급료를 올려 주고 있다. 그렇게 수습기간이 끝나고 1차로 급료를 올려 주었다면, 그 이후로는 6개월 또는 1년이 지났을 때 그 사람의 능력에 따라 차등 지급을 한다. 이렇게 하면 직원들은 더욱 희망을 갖고 열심히 일하려고 하기 때문에 매장 효율도 높아진다. 스스로 뭔가 이루려는 마음이 강해지고 자신을 증명해 보이려는 의욕이 넘친다.

누구나 인정을 받고 싶어 한다. 자기를 낮게 보는 걸 좋아하는 사람은 한 사람도 없다. 또 말로만 칭찬해 주지 말고 자본주의 사회에 꼭 필요한 직접 눈에 보이는 실질적인 보수를 지급하는 게 좋다. 그래야 힘을 낸다. 인정과 칭찬에 플러스로 적절한 보수까지 주어지면 당연히 모두 최선을 다한다.

급료 부분은 직접 운영하다 보면 일을 잘하는 직원에게 더 주고 싶은 마음이 생겨 자연스레 책정하게 되리라 생각한다.

식당일을 하기 위해 찾아오는 사람들은 항상 수입이 보장되어야 하는 경우가 대부분이다.

물론 인간적인 대우나 환경도 중요하겠지만 수입이 없으면 당연히 떠나가게 된다.

일이 좀 힘들어도 수입이 보장되면 열심히 일하는 분위기가 만들어진다.

직원이 일을 잘하게 하려고 아무리 좋은 말로 가르치고 이건 이렇게 저건 저렇게 해라 부탁을 해도 마땅한 보상이 없으면 흐지부지되기 쉽다. 따라서 사장이 시키는 대로 일해서 결과가 잘 나타났을 때, 곧바로 상응하는 보상을 해 주어야 자발적으로 움직이는 계기가 된다.

우리 식당에서 일하는 직원들은 교대 시간이 되어도 일이 바쁘다 싶으면 몇십 분을 더 연장해서 도와주고 가는 경우가 있다. 그럴 경우 나 역시 연장시간에 대한 보상을 꼭 한다. 명절 전후 3일간에는 하루에 2일분의 일당을 지급한다. 때문에 휴무를 하자고 해도 나오겠다고 하는 직원이 많다. 대부분의 식당들이 명절엔 일할 직원들이 없어서 운영을 못 한다는 곳이 많지만 우리는 반대이다.

하루 매출에 대한 일일 수당이 주어지고 있으니 주간과 야간 모두 똑같은 시간을 일해도 손님이 없으면 수입액에 많은 차이가 난다. 그렇다 보니 서로 보이지 않는 경쟁이 있다. 당연히 더 열심히 하게 된다. 옆집에 새로운 가게가 들어오면 나도 걱정을 하지만 직원들이 더 걱정을 한다. 몇십 만 원의 매출이 떨어지면 본인들의 인센티브도 줄어들기 때문이다. 심지어 그 집에 손님이 있나 없나를 주인보다 더 자주 가서 보고 올 때가 있어 주인으로서는 감사할 따름이다.

이렇게 딱딱 일한 만큼 급료를 주면 '남의 장사'가 아니라 '나의 일'이 된다. '내가 일하는 만큼 돌아온다'는 생각을 하니 당연히 그럴 수밖에 없다. 사장은 이처럼 바로 눈에 보이는 가시적인 보상을 해 주어야 한다. 장기적 목표도 중요하지만, 그것은 상대적으로 사장에게나 더 중요한 것이지 당장 월급을 받아야 먹고사는 직원들에게는 신기루 같은 것이다. 그보다는 바로바로 나타나는 보상이 더 중요하다. 따라서 사장은 나름대로 장기적인 목표를 세워 두고 있으면서도, 직원들에게는 단기 목표를 제시하고 그 목표로 한 발짝씩 다가갈 때마다 보상을 해 주어야 한다. 그래야 사업이 잘 굴러가고 장기적 목표로 나아갈 수 있다. 이를 위해 꾸준한 지침을 마련하고 그 지침을 직원들이 이해하기 어렵지 않게 설명하며 여러 번 반복해 주어야 함을 유념했으면 좋겠다.

무조건 책임자를 두고
운영하라

　내가 운영하는 지점 중 제일 작은 가게는 직원이 4~5명밖에 되지 않지만, 이곳에서도 역시 급료를 조금 더 주면서 실장(책임자)을 두고 운영을 하고 있다.

　책임자가 없으면 직원들끼리 다툼이 자주 발생되고 분쟁의 해결이 요원해진다. 서로 눈치 볼 일이 없어 일의 능률도 올라가지 않는다. 그러니 사장을 대신해서 역할을 해 줄 수 있는 책임자를 꼭 두는 것이 좋다. 일일이 직원 한 사람 한 사람에게 지시를 하는 것보다 책임자 한 사람에게 이야기를 해 두면 그를 통해 모든 지시가 이루어지니 훨씬 효율적이다.

　나 역시 모든 업무적인 이야기나 가게가 돌아가는 상황을 실장을 통해서만 보고받고 실장에게만 지시를 내린다. 직원들 개개인에게는 어떤 지시도 직접 하지 않는다.

만약 나에게 와서 월급을 가불해 달라고 하면 안 된다고 하지만, 실장을 통해서 이야기를 하면 무조건 해 주고 있다. 이렇게 서열관계를 확실히 함으로써 실장의 권위가 서고 나도 편하게 관리할 수 있다.

책임자인 실장은 항상 직원들 편에서 일을 한다. 직원들을 하나로 묶어서 통솔하면서 돌봐주는 역할을 동시에 하고 있는 것이다. 마치 학교의 담임선생님처럼 가끔은 야단치기도 하지만 기본적으로 직원을 위하고 있기에 반발이 없다. 사장은 한 발 떨어져 있는 주인 같은 느낌이라 어색할 수 있지만 실장은 함께 부대끼면서 일하고 있는 사람이니 심리적으로 거리가 멀지 않다. 나처럼 식당을 운영하고 있는 사장님이 계시다면 책임자에게 모든 권한을 주어서 운영해 보길 바란다.

책임자를 뽑는 기준을 말하자면, 회사든 식당이든 그 사람의 능력을 주의 깊게 평가해서 뽑을 수밖에 없다.

무조건 오랫동안 근무했다고 뽑지는 말라. 그보다는 전체 직원을 무리 없이 잘 관리할 수 있느냐를 기준으로 두어야 한다. 적어도 1년 이상은 근무시켜 본 후 결정하는 게 좋다. 특히 기존 직원들과 불편함이 없어야 하므로 대인관계를 잘 관리하는 사람인지 확인해야 한다. 신중을 기하여 뽑길 바란다.

급여를 더 주는 직원도 마찬가지다.

일을 하는 능력이 다른 사람과 비교했을 때 확실히 많은 차이가 있고, 꼭 우리 식당에 필요한 사람이라는 생각이 들면 적당한 급여 인상이 필수라고 본다. 주인 입장에서 잘 관찰하면 그런 사람이 눈에 띌 수밖에 없다. 또 하나, 처음 모집광고를 보고 들어올 때는 모두 똑같은 급여를 주더라도, 기간이 지나서 차등지급을 할 때는, 서로 수령액을 알 수 없도록 관리하는 게 좋다. 민감한 부분이기 때문에 특별히 신경을 써야 한다.

똑같은 자식을 키워도 예쁜 짓을 하는 자식, 말 잘 듣고 공부 잘하는 자식에게 용돈을 더 챙겨 주는 것처럼 열심히 일 잘하는 직원에게는 챙겨 주고 싶은 마음이 생기니, 잘 판단해 보길 바란다.

작은 가게라도
체계를 갖추어야 한다

　우리 가게는 실장 체제로 운영이 될 뿐만 아니라 회의도 하고 있다.

　주기적으로 하는 회의 내용은 특별한 것이 아니다.

　월 매출 목표를 정해서 인센티브를 지급하고 있기 때문에, 월 초가 되면 그 달의 목표를 정하기 위해 모이게 된다. 목표가 정해지면 주간은 일 매출 얼마, 야간은 일 매출 얼마, 이런 식으로 세분화된 목표를 다시 정한다.

　그러면서 전년도 이맘때의 월 매출은 얼마였으며, 올해는 작년 대비 어떻다는 이야기, 여러 가지 판매에 영향을 끼치는 사정, 계절이 바뀌어 새로 내놓는 음식과 가격 및 손님에게 어떻게 어필해서 주문을 받을지 등등, 이 모든 것을 나 혼자만의 재량으로 처리하지 않고 직원들과 토의하며 결정하고 있다.

나는 우리 모두 어느 한 사람도 없어서는 안 될 가족 구성원이라는 것을 강조하고 함께 노력해 달라고 당부한다.

그렇게 해서 목표 매출이 달성되었을 때, 인센티브는 물론 회식비도 지급하겠다는 약속 등을 하며 긍정적인 마인드로 일을 할 수 있도록 분위기를 만들어 준다.

나는 우리가 일하는 곳이 가장 좋은 일터라는 것을 직원들이 믿기를 바란다. 직원 숫자가 많지 않은 곳의 직원들도 대기업 못지않게 모두가 연봉 3,000만 원 이상을 받고 있다. 그러면서 스트레스는 대기업만큼 심하지 않다. 매일매일 매출에 대한 일일 수당, 월 매출에 대한 인센티브, 휴가비, 명절 떡값 등을 받고 1년이 되면 순금 한 돈의 열쇠를 또 받으며 급여 날짜 또한 정확히 지켜

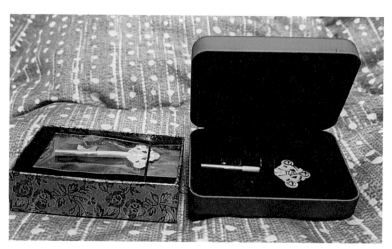

▌매년 직원들에게 선물하는 순금 한 돈 열쇠

진다. 서로 이런 직장이 또 어디 있냐고 웃으면서 이야기하는 분위기를 만들어 가고 있다.

어느 날 구인광고를 보고 면접을 보려는 사람이 "여기는 군대식이라면서요?" 하면서 질문을 하길래 깜짝 놀랐다. 여기서 나간 직원이 그런 이야기를 했다는데 시골이라 빨리 퍼져 주워듣게 된 것 같다.

대개 한두 명이 일하는 식당에서만 근무한 사람들은 체계가 있는 곳에서의 적응이 쉽지 않을 수 있다. 주기적으로 교육받는 것도 힘들 수 있다.

그러나 그것은 군대식이 아니고 회사식이라고 보면 된다. 나는 회사를 운영한다고 생각하고 회사 운영 방식대로 이곳을 이끌어 가고 있기에, 직원들도 그렇게 생각할 수 있도록 한다. 이미지의 힘은 생각보다 강력해서 "나는 식당 종업원"이라고 생각하는 것보다 "나는 전주명가콩나물국밥이라는 요식업체에서 일하는 직원"이라고 생각하는 것에는 큰 차이가 있다고 본다. 나는 직원들이 그런 의식을 더욱 공고하게 갖기를 바란다. 회사처럼 단체 여행도 가고 회사 직원들이 하듯 이름표를 만들어 가슴에 부착하도록 하는 것에는 이유가 있다. 그렇게 이미지를 가꾸어 나가면 자존감도 향상되고 다른 어느 식당에서 일하는 것보다 보람찬 기분을 느낄 수 있다.

나는 직원들이 내 식당, 아니 내 회사야말로 다른 곳과는 차별

되는 곳이라 여겨지고 여기서 일하는 것이 제일 낫다고 생각하게 되었으면 좋겠다. 생각만 그런 것이 아니라 직접 행동으로 그렇게 느낄 수 있도록 도와주며 서로 씩씩하게 팔짱을 끼고 걸어 나갈 수 있도록 노력하고 있다.

그렇게 운영하다 보니 우리 직원들은 정말 이곳에 근무하는 것을 자랑스럽게 생각하는 것 같아 너무 고마울 때가 있다. 출퇴근 때 보면 우리 식당 상호가 새겨진 가운이나 스카프를 입은 그대로 대중교통을 이용해서 온다. 여기 근무하는 것이 부끄럽게 생각이 되면 절대 그렇게 다니지 못할 것이다. 내게는 한마디 말보다 백배나 더 고마운 표시이다.

이 모든 것이 우리 모두가 함께 만들어 온 결과물이니 계속 한마음 한뜻으로 나아가길 바라고 있다.

▎단체 방한복 선물

식당이나 한번 해 볼까
하는 마음으로 창업하지 말아라

가장 쉽게 창업할 수 있는 것이 식당이다 보니 많은 사람들이 요식업계를 기웃거리다가 발을 들인다. 겉보기엔 식당이 쉽게 운영되는 것처럼 보일 수 있다. 특히 프랜차이즈 식당은 "주어진 레시피가 있으니 따로 공들여 메뉴를 개발할 필요도 없고, 적당히 사람만 구해서 쓰면 되는 거 아닙니까?"라고 생각하는 분들이 많다. 하지만 아니다. 식당 창업은 가장 마지막에 하는 것이라고 많이들 이야기하는 데는 이유가 있음을 알아야 한다. 먹는장사는 결코 쉽지 않다. 지금도 수많은 식당이 문을 열고 닫는다. 주위를 잘 관찰해 보면 손님이 늘 붐비는 곳이 수십 개의 식당 중에 몇 군데뿐인 것을 알 수 있다.

작은 것 하나에서부터 신경 써야 할 부분들이 가장 많은 것이 식당이며 직원들 역시 관리하기가 가장 힘든 곳이 식당이다. 식당 직원들은 보통 오랫동안 일을 해 온 사람들이 많다. 때문에 주방일은 자기가 잘 알고 있다고 생각하여 간섭하는 것을 싫어할 뿐 아니라, 여기서 오늘 그만두어도 내일이면 다른 곳에서 일할 수 있다는 생각에 해고당하는 것을 두려워하지 않는다. 급료 또한 몇 년 동안 일한 곳이나 오늘 처음 시작한 업소나 큰 차이가 없어서 다른 곳보다 일이 조금 힘들다고 생각되면 쉬운 곳을 찾아 떠난다. 이런 직원들의 마음을 잘 챙겨 가면서 식당을 운영해야 하기에 많은 어려움이 있을 수밖에 없다.

안이하게 생각해서는 안 된다. '한번 해 볼까' 하지 않고 모든 것을 버리고 죽을 각오로 한다고 생각해도 경쟁이 가장 치열한 곳이 바로 이 분야이다.

이 수많은 식당 중에서 살아남기 위해서는 남들보다 훨씬 더 노력하고 관리하며 공부해야 된다는 사실을 잊지 말고 식당 창업을 준비하라. 꾸준히 명맥을 유지하는 식당에는 그럴 만한 이유가 있다.

과연 살아남기 위해서는 어떤 노력이 필요하겠는가를 생각해 보길 바란다.

필사즉생 필생즉사必死則生 必生則死.

죽기로 싸우면 반드시 살고, 살기를 도모하면 반드시 죽는다는 말이다.

이 말을 식당 창업에 비유한다면 모든 것을 걸고 도전하는 사람과 '한번 해 볼까' 하고 기웃거리는 사람은 경쟁이 되지 않는다는 것을 의미할 것이다. 무작정 시작하기 전에 청사진을 만들어라. 우리 식당이 가지고 있는 장점은 무엇이 될 것인지, 타겟은 누가 될 것인지, 위기 시 처리방법은 어떻게 정할 것인지 등등. 공부하듯이 꼼꼼하게 따져 본 뒤에 할 수 있겠다고 판단되면 그때 문을 열어라. 문을 연 뒤에도 최선을 다해서 손님을 맞이해야 한다.

인생은 쉽게 살려는 사람에게 많은 문을 열어 주지 않는다. 본인이 노력한 만큼 기회가 보인다는 사실을 잊지 말길 바란다.

건물을 가지고 있으니 월세도 나가지 않고 쉬엄쉬엄 장사나 해 볼까?

주위에서 흔히 볼 수 있는, 또 흔히 들어 보는 이야기이다.

정년이 되어 쉬고 있는 나이 드신 분들 중에는 건물을 가지고 있는 분들이 있다. 그분들은 내 건물이니 월세도 나가지 않겠다, 장사나 한번 해 볼까 생각해 보기도 한다.

그러나 장사는 그렇게 쉬엄쉬엄해서는 되는 것이 절대 아니다. 그런 생각을 가지고는 시작하지 말아야 한다. 가장 치열한 경쟁 속에서 살아남아야 하는 게 장사다. 모든 것을 바쳐 장사를 시작해서 최선을 다하고 있는 사람도 너무나 많다. 그런 사람들 중에서도 살아남는 이들은 소수이다. 때문에 설렁설렁 시작하였다가는 이미 생각하는 자체가 다른 경쟁자들을 이길 수가 없다. 정말 절박한 상황이 아니면 남들보다 열심히 일할 수가 없다. 장사하는 것이 그리 쉽게 생각할 수 있는 게 아니라는 것을 알았으면 한다. 오히려 점포가 필요한 사람들에게 임대해 주는 것이 올바른 생각이다.

내 주위에도 그런 사람이 있었다.

퇴직을 하고 난 후 3층짜리 건물을 지어 3층은 주택으로 사용하기 위해 입주를 하고 1, 2층은 임대로 내놓았다. 그런데 위치가 그렇게 좋은 편이 아니어서 임대가 나가지 않았다. 마음이 조급해진 친구는 자신이 직접 장사를 해 보겠다고 했다.

아무런 준비도 없이 갑자기 식당을 해 보겠다면서 가장 쉽게 할 수 있는 죽집을 오픈하게 되었지만 결국 3개월 만에 문을 닫고 말았다. 장사는 이처럼 쉬운 것이 아닐 뿐더러 점포 위치에 따라 무엇을 해야 할지 어떤 메뉴를 선택해야 할지 등등 다각도로 상권 분석이 필요한 분야다.

준비 없이 식당을 오픈시켰다면 임대료는 둘째 치고 인테리어 비용을 들이는 데서부터 수지타산이 안 맞는다. 생각했던 것보다 훨씬 많은 비용이 발생될 수 있다는 점을 유의하길 바란다.

무슨 일을 하든 쉬엄쉬엄 할 수 있는 일은 없다. 한 단계 위로 올라가기 위해서는 반드시 그에 상응하는 노력이 필요하다. 간단한 이치다. 공부를 열심히 하면 100점 맞고 대충대충 하면 50점 맞는 것이랑 같다. 혹자는 말한다. "노력한다고 해서 다 성공하는 건 아니지 않느냐." 그 말도 맞다. 하지만 "성공한 사람들 중에서 노력하지 않은 사람은 없다."는 말도 있다. 그 말도 맞다.

진인사대천명盡人事待天命, 인간으로서 해야 할 일을 다하고 나서 하늘의 명을 기다린다는 뜻의 한자성어이다. 너무나 맞는 말이다. 운명을 탓하기 전에 운명이 응답할 만큼 노력했는가?

요즘 신조어로 '흙수저', '금수저'라는 말이 있다. 태어나기를 가난하게 태어난 서민과 부자로 태어난 상류층과는 출발선이 다르다는 데서 나온 자조 섞인 말이다. 그러나 이런 말에는 현혹되지 말아야 한다. 출발선이 다르다고 하여도 우리에게 주어진 시간은 똑같다. 시간은 모두에게 공평하게 분배된다. 이 시간을 어떻게 쓰느냐에 따라서 다시 인생이 달라질 수 있다. 우리가 조선시대처럼 신분이 완전히 나누어져 수직상승을 할 수 없는 사회인 것도 아니지 않은가? '수저론'을 가지고 좌절하며 노력하지 않는 자신에게 변명을 대고 있는 것은 아닌지 청년들에게 묻고 싶다. 수저가 흙이면 어떻고 금이면 어떠랴. 삶의 행복은 그런 데 있지 않다. 주어진 자산을 가지고 인생을 배팅하는 자가 최후에 웃는 자가 될 것이다. 배로 노력하고 배로 받으라. 그러려면 안이하게 살려는 마음을 버려야 한다. '쉬엄쉬엄'이라는 카드는 아주 가끔만 꺼내라.

물론 사회문제에 있어서 반드시 본인의 노력만으로 쉽사리 뚫지 못하는 벽이 있음을 부정하는 것은 아니다. 그러나 그런 벽도 한번 도전해서 부딪혀 봐야 깨지는 틈새를 찾을 수 있는 것이다. 일단 먼저 시작해 보라. 공부를 할 때도 일단 공부를 해야 자신이 약한 과목을 찾을 수 있고 그것을 잘할 수 있는 방법을 강구할 수 있듯, 인생이라는 넓은 시험도 마찬가지다. 삶이 불공평하다고 느껴진다면 어느 쪽에서 그러한지, 그것을 어떻게 하면 극복할 수 있을지 생각해 보라. 그것은 온전히 그대의 힘에 달려 있다. 할 수 있다는 믿음을 가지고 해 보길 바란다.

성공하려면 체인점(프랜차이즈) 선택이 가장 중요하다

음식점 창업을 생각하는 많은 사람들이 대부분 직접 음식을 개발하기보다 체인점을 생각하고 준비를 하게 된다. 당장 소비자의 입맛에 맞는 음식을 만들기엔 부담이 되고 어려운 반면 프랜차이즈는 이미 기본적인 맛이 검증되어 있으니 손님을 쉽게 모을 수 있을 것이라 판단하기에 그리하는 것 같다.

하지만 어느 분야나 그렇듯이, 체인점을 고를 때도 신중하게 고려해야 한다.

체인점을 차리는 데는 기본적으로 많은 비용이 들어간다.

일단 오픈 시 인테리어 비용이 평당 얼마로 정해져 있다. 이는 회사마다 많은 차이가 있으니 생각하는 점포의 크기나 위치에 따라 상담을 해 보아야 한다. 본인이 준비한 금액으로 할 수 있는 회사를 선택하라.

전국에 많이 알려진 체인점을 선택하면 쉬울 것이라 생각하겠지만, 그러한 대형 체인은 숫자도 그만큼 많다 보니 경쟁력이 요구되고 초기 비용도 많이 들어간다. 또 투자에 비해 마진(이익금)이 적어 매출이 높아야만 유지할 수 있기도 하다. 그러니 마진폭이 커서 어느 정도의 매출만으로도 먹고살 수 있는 적당한 체인점(준메이커)을 선택하는 것이 현명하다.

이미 너무 많은 숫자의 체인점을 운영 중인 곳은 마진(수익)율도 적을 뿐 아니라, 본인이 하고자 하는 위치 주변에 같은 체인점이 이미 있거나 새로 들어설 수도 있다. 같은 메이커끼리 경쟁을 해야 하는 불상사가 발생할 수 있는 것이다. 하지만 아직 많은 체인점을 가지고 있지 않은 준메이커는, 작은 도시 안에 한 개씩만 체인점을 오픈시켜 주기 때문에 그러한 일이 없다.

만일 냅킨 한 장, 포장지 한 장까지 모든 것을 본사에서 가져다 써야 하는 곳이라면 크게 마진이 보장되지 않는다고 보아야한다.

왜 그런가? 예를 들어 내가 직접 부추 한 단을 구입하는 데 기본적으로 1,000원이 들어간다고 치자. 하지만 본사에서 구입해서 내게 보내 준다면 당연히 그들도 마진을 남겨야 하기에 포장비, 배송비 등등의 명목으로 1,200~1,300원을 요구하게 된다. 게다가 자신이 직접 구매한다면 흥정을 통해서 더 싸게 구입할 수도 있는데 이럴 경우 그럴 수가 없다. 당연히 점주 입장에서는 손해다.

내가 하고 있는 전주명가콩나물국밥 체인점은 본사에서 오직 레시피만 제공하며, 육수를 끓이고 마지막 단계에 넣는 소스 한 가지 이외에는 본사에서 쓰는 물류가 없다. 모든 재료는 현지에서 점주가 구입해서 운영하기 때문에 마진폭이 클 수밖에 없는 구조다. 가능하면 점주들이 편하게 영업할 수 있도록 배려하여 특별한 규제 또한 없다 보니 본사와의 마찰이나 점주들의 불만도 없는 편이다. 그러니 현지에서 재료를 구입해서 할 수 있고, 많이 알려져 있지 않은 준메이커를 선택하라. 조금의 번거로움은 있겠지만 자유롭게 운영할 수 있다. 회사의 갑질이 거의 없는 곳을 고르도록 하라.

소수 손님들의 개개인의 의견에
너무 신경 쓰지 말라

식당을 운영하다 보면 손님들의 음식에 대한 취향이 다르기 때문에 어려움을 겪기도 한다. 같은 국물이라도 어떤 손님은 짜게, 어떤 손님은 싱겁게 느끼는 경우가 있기 때문이다.

모든 손님들은 자신의 입맛이 보편적이고 정상적이라고 생각하기 때문에 주인을 불러 자기 입맛에 안 맞는다고 이야기를 하기도 한다.

이때 손님들의 이야기를 절대 그냥 무시해서는 안 된다.

항상 "네 그렇습니까. 주방에 가서 확인해 보겠습니다."라고 대답해야 한다. "아닙니다. 손님이 짜게(싱겁게) 드시는 것 같습니다."라고 하면 손님의 반응이 좋지 않을 수 있다. "내가 잘못됐다는 거요?" 하고 화를 내는 손님도 있다. 잘잘못을 떠나서 자기가 음식이 입에 안 맞는다고 했는데 '그건 너 탓'이라고 하면 기분 좋게 수긍할 사람은 별로 없다. 손님의 의견을 존중해 주고 그 이후의 판단은 주인이 해야 한다.

대부분 처음 식당을 운영하는 사람들은 손님이 싱겁다면 싱겁다고, 짜다면 짜다고 주방에 전달을 한다. 그렇게 되면 주방장이 헷갈린다. 우왕좌왕하다가 죽도 밥도 아닌 결과물이 나올 수 있다. 나는 우리 식당의 육수 염도가 정확하게 맞추어졌다면 손님들의 의견은 존중해 주면서 절대 흔들림 없이 주관대로 해 나가고 있다. 그래야만 우리 식당의 맛을 지켜 나갈 수 있기 때문이다. 다수의 손님들이 항의한다면 모를까 간혹 가다 생기는 소수 손님들의 의견에 지나치게 신경 쓸 필요는 없다.

우리 식당의 경우 대부분의 손님들이 맛이 있다고 소문이 나 있기도 하지만 단골손님들이 많은 편이다. 그런데 간혹 다른 지방에서 오는 손님들은 짜거나 싱겁다고 이야기를 하기도 한다. 그럴 때는 "네 그렇습니까? 주방에 전달하겠습니다." 하고 바로 이야기하고 주방에서도 밖에 들릴 수 있을 만큼의 소리로 "알겠습니다."라고 대답을 한다.

그러나 절대 기존의 육수 맛에는 손을 대지 않고 있다.

이미 우리 육수 맛은 정해져 있기 때문에 손님 한 사람 때문에 변화를 줄 수가 없다. 그러나 그 손님이 기분 나쁘지 않게 공손하게 대답은 꼭 하라.

하지만 만약 많은 손님들이 오늘 국물 맛이 다른 날과 다르다고 하면 빨리 국물 맛을 확인하고 그에 대한 조치를 취해야 한다. 어찌 되었건 국물 맛은 식당의 생명이다. 조금이라도 맛에 변화가 있어서는 안 된다는 것을 명심하길 바란다.

맛과 친절로
승부하라

창업을 시도하는 사람은 수없이 많지만 성공에 이르는 사람은 그리 많지가 않다.

특히 처음 창업하는 사람이 성공하기란 더더욱 어려운 것이 사실이다.

식당 성공의 비결은 오직 맛과 정성이다. 내 모든 것을 바쳐서 만든 음식의 맛과 우리 집을 찾는 손님에게 쏟는 친절과 정성만 이 키Key이다.

제1순위인 맛이 좋다면 일단 패스, 한 단계 더 높은 식당으로 승격할 수 있느냐 없느냐의 판가름을 해 주는 것은 이제 친절이다. 손님이 호출할 때도 상냥하게 "네~" 하면서 가고, "무엇을 도와드릴까요~" 하면서 먼저 묻는다. 손님이 "뭐뭐 좀 더 주세요"

하면 "네~ 금방 갖다드리겠습니다~ 감사합니다~" 하고 대답한다. 조금만 친절하게 말해도 손님은 기분이 좋아진다. 반면 손님에게 무뚝뚝한 인상과 말투로 대하면 손님 기분이 그저 그렇다. 때로 주인장이 불친절해도 음식 맛이 매우 좋아 사람들이 찾는 집이 있는데 그런 경우는 아주 극소수라고 보아야 한다. '음식이 너무 맛있어서 불친절함마저 트레이드마크로 보이는 정도'가 아니면 생각하지 말라.

친절함에는 위생관리도 포함되어 있다. 지저분한 주방은 당연히 금물이고 손님들이 음식을 먹는 홀도 깨끗하고 윤이 나게 반짝거려야 한다. 식탁, 바닥, 벽지까지 깔끔한 느낌을 풍겨야 손님들도 쾌적한 기분으로 식사할 수 있다. '국밥집 같은 저렴한 식당은 조금 허름해도 괜찮을 것'이라는 생각을 버려라. 요즘 사람들은 그런 곳을 찾지 않는다. 왜냐면 싼 음식을 먹는다고 싸구려가 되고 싶지 않기 때문이다. 고급 음식점이 비싼 이유는 음식의 재료값도 있겠지만 우아한 내부 인테리어와 깍듯한 서비스 비용이 포함되어 있기 때문이다. 비싼 돈을 주고서라도 대접받는 느낌을 받고 싶기에 그런 곳을 찾는다. 만약 국밥집과 같이 서민적인 식당을 차린다면 화려한 인테리어를 갖출 필요는 없겠지만 소박하지만 깨끗하고 따스한 느낌을 줄 수 있는 정도의 노력은 필요하다. 그런 곳에서 먹는 밥은 한결 더 맛있을 것이다.

분위기는 雰圍氣, 즉 한자어이다. 雰圍氣에서 맨 앞의 雰는 눈날릴 분, 圍는 에워쌀 위, 氣는 기운 기 자이다. 雰에는 '눈이 날리다'라는 의미뿐만 아니라 안개, 서리, 기운, 먼지와 같은 의미도 포함되어 있다. 직역하면 '기운이 에워싼 기운', 의역하면 '어떤 보이지 않는 기운으로 에워싸여 있는 기백이나 힘'을 의미한다. 어떠한 공간에서 느껴지는 즉각적인 힘이라고 표현할 수도 있겠다. 보이지 않는 기운이지만 분명히 느껴지는 어떤 것인 셈이다. 식당 주인은 항상 자신의 가게를 분위기 좋은 식당으로 만들 수 있도록 최선을 다해야 한다. 떠올리기만 해도 가고 싶어지는 그런 곳으로 말이다. 을씨년스럽거나 지저분한 식당은 결코 잘 될 수가 없다. 이 점을 명심 또 명심하라.

전문 요리사가 아니어도
할 수 있는 업종을 선택하라

맛집은 오랜 세월 동안 한곳에서 열심히 노력해서 유명해진 곳과, 프랜차이즈로 소문난 곳이 있다. 처음 창업을 하는 사람들은 대부분 프랜차이즈를 생각한다.

프랜차이즈라 하더라도 전문 요리사가 필요한 업종은 선택하지 않았으면 한다. 주방에서 간단하게 음식을 만들어 낼 수 있는 업종, 며칠만 배우면 누구나 요리가 가능한 업종을 고르라.

왜 그런가? 전문 요리사가 필요할 경우, 운영에 지장이 생길 수 있기 때문이다.

식당은 직원 구하는 문제가 가장 힘든 부분이다. 직원들이 시도 때도 없이 나가 버리면 주인이 책임을 져야 한다. 으레 사람 사는 세상이 그렇듯 식당을 운영하면서도 직원과 마찰이 생겨 그만두게 되는 경우도 있고 피치 못할 사정으로 나오던 직원이 떠나게 되는 경우도 있다. 장사를 한다면 이런 변수까지 염두에 두고 있어야 한다.

때문에 창업하기 전에 직원 없이도 주인이 모든 것을 직접 할 수 있도록 배워 놓아야 한다. 그래야 직원으로 인한 문제가 발생해도 당분간 본인이 직접 요리할 수 있다. 하지만 그럴 수 없는 특별한 솜씨가 필요한 요리라면 문을 닫게 되므로 손해를 불러올 것이다.

마찬가지로 주방장이 바뀔 때마다 음식맛이 바뀌는 곳은 단골 손님을 유지할 수가 없다. 똑같은 맛을 유지해야 하는 것이 식당의 의무이기 때문에 주방장 유무에 상관없이 레시피대로만 따라 하면 음식을 만들 수 있어야 한다. 그래야 늘 같은 맛의 음식을 손님에게 제공할 수 있다.

전문 요리사가 필요한 횟집이나 복어집 같은 경우, 주방장이 속을 썩이거나 식당에 나오지 않으면 장사를 아예 할 수가 없다. 이런 이유 때문에 처음 식당을 열 때 조리법이 정해진 프랜차이즈를 많이 선택하는 것이다. 프랜차이즈를 선택할 때도 음식을 쉽게 배워서 요리할 수 있는 곳을 선택하라고 당부하고 싶다.

쉽게 배워서 할 수 있는 메뉴는 며칠만 가르쳐도 주인이나 직원이 일을 할 수 있지만, 까다로운 음식은 한번 직원이 나가고 나면 다시 가르치는 데 오래 걸리기 때문에 불상사가 발생할 수 있다. 요리하는 사람이 휴무하는 날에도 주인이 대신 음식을 만들어 낼 수 있어야 운영에 어려움이 없음을 명심하길 바란다.

가능하면 24시간 영업할 수 있는 업종을 선택하라

식당 오픈을 생각하는 분들이라면 가능하면 24시간 할 수 있는 업종을 선택하길 바란다.

먼저 많은 식당들 중에 24시간 영업을 하는 식당들이 많지 않다. 때문에 경쟁력이 생긴다. 밤 10시 이후 영업하는 식당들이 많지 않다 보니 밤에 식당을 찾는 손님들은 일단 불을 밝혀 놓은 식당에 들어가게 된다. 때문에 처음 운영하는 식당이라도 상대적으로 유리하다.

또 주간만 운영하는 식당의 경우 영업이 끝나고 퇴근 때가 되면 준비했던 반찬을 모두 버리거나 다시 사용할 수 없게 되지만, 야간 영업을 하게 되면 팔지 못했던 반찬들을 그대로 저녁 장사에 이용할 수 있어 재료비 절감에 많은 도움이 된다. 저녁 장사를 한다고 해서 점포 임대료가 더 나가는 것은 아니기 때문에 실질적 수익금을 따지면 저녁 장사에서 많은 이득이 나올 수 있다.

또 저녁(야간)에는 손님들이 식사 위주보다는 술을 많이 마신다. 안주 종류가 많이 나가 매출에 많은 도움을 가져온다.

이렇듯 야간에도 문을 열 때의 장점이 많다. 하지만 야간 매출을 기대할 수 있는 곳은 위치가 중요하므로 상권 분석을 잘해서 점포를 임대하여야 한다. 시내와 멀리 떨어진 곳은 가능하면 피해야 한다. 시내에서 많은 사람들이 움직이기 때문에 시내를 벗어난 곳은 인적이 드물어 손님이 거의 없다. 주위에 여관, 모텔, 호텔 등 숙박업소가 많아서 야간에 움직이는 사람들이 있는 곳을 선택하길 바란다.

예를 들어 보자.

친구들과 만나 저녁을 먹고 술 한 잔을 하고 싶은데 지금 시간이 7시~8시쯤이 되었다면 주간 영업만 하는 곳은 들어갈 수가 없다. 퇴근을 준비하는 직원들 눈치를 봐야 하기 때문에 편하게 식사를 할 수 없을 것이다. 그러나 24시간 영업을 하는 곳이라면 신경 쓰지 않고 어느 때든 약속이 가능하다.

또 점주가 주간만 영업을 하는 경우 아침에 영업을 준비하는 시간과 오후에 영업을 마치기 위해 마무리해야 하는 시간만큼 손실을 가져온다. 그 시간에도 인건비는 모두 포함시켜야 하기 때문에 많은 인원을 쓰는 곳이라면 신경이 쓰이는 부분이 될 것이다. 때문에 24시 영업이 좋다고 하는 것이다.

　이렇듯 장사를 하려면 따져 보아야 할 것이 자질구레하게 많은 법이다. 처음부터 모든 것을 알 수는 없으니 차츰차츰 배워 나가게 되겠지만 그러려면 매장만 오픈해 놓고 손님을 기다리지 말고 처음부터 끝까지 사소한 것 하나라도 놓치지 않도록 안테나를 세우고 있어야 된다. 재차 말하지만 최선을 다할 것이 아니라면 시작을 하면 안 된다. 늘 궁리하고 탐구하는 자세를 견지해야 한다. 노력하는 자에게 운도 모인다. 끊임없이 배우고자 하면 그만큼의 복이 돌아올 것이다.

사계절 비수기가 없는
메뉴를 선택하라

처음 식당을 준비할 때 가능하면 계절적인 비수기가 확실한 업종은 피하는 것이 좋다. 냉면집이라면 여름에만 성수기를 맞게 된다. 그렇다 보니 아무리 장사가 잘된다고 해도 여름 한 철 팔아서는 1년을 견디기가 쉽지 않다. 위치도 마찬가지이다. 학교 옆 같은 곳은 방학이 되면 완전히 비수기가 된다.

외부 영향이 큰 업종 또한 가능하면 피하는 것이 좋다. 닭고기나 오리고기 등은 조류독감이 오면 심각한 타격이 있을 수 있다. 그러니 팔팔 끓여서 나가는 음식이라서 안심할 수 있는 메뉴를 취급하는 것이 좋다. 중국집이나 한식집, 국밥집 등은 외부 영향이 크지 않지만, 소고기, 돼지고기, 닭, 오리, 횟집 등은 외부 영향이 큰 업종으로 각종 파동이 오면 매출에 큰 타격을 입는 경우가 많다. 이 모든 것을 빼고 나면 무엇을 할 수 있겠냐고 반문할 수 있겠지만 선택할 수 있는 메뉴는 찾아보면 무수히 많다고 본다.

콩나물국밥은 가장 서민적인 음식이자 어린 아이에서 할아버지까지 모두가 좋아하는, 사계절 내내 맛있게 먹을 수 있는 음식이기에 좋은 메뉴에 해당한다고 생각한다.

음식점을 하기 전에 섬세한 관심과 노력이 필요하다. 잘 찾아보고 확신이 섰을 때 시작하길 바란다. 모든 변수에 대해서 완벽하게 준비하고 열 수는 없겠지만 이모저모 궁리는 해 봐야 한다. 첫 창업을 할 때는 많이 떨릴 것이다. 그러나 준비된 마음과 투자한 시간만큼 정직하게 결과가 돌아올 것으로 믿고 나아간다면 좋은 결과가 있을 것이니 안심하길 바란다.

3장

직원들과
춤을
추는 법

양파 까는 힘만 있어도
함께할게요

오늘 창밖을 바라보고 있자니 쌀쌀한 날씨에 마음이 좋은 듯 싫은 듯 싱숭생숭하다. 나도 나이가 들었고 이제는 몸이 예전 같지 않다. 세월이 흐르면서 육체는 늙어가지만 마음만은 아직도 청년 시절 그대로이니 사람이란 이리 슬픈 존재인가?

아니다. 이 육체를 보며 세월이 흘러감을 알 수 있고 그럼으로써 인생을 헛되이 살지 않기 위해 노력하고 있으니 우주의 섭리가 그런 것을 다 염두에 두고 인간을 만든 것이다.

그렇게 생각하며 맘을 추스르기 위해 따뜻한 커피 한 잔을 마신다. 쌉쓰름한 카페인이 울긋불긋한 마음을 진정시켜 준다.

벌써 첫 가게를 오픈한 지 5년의 시간이 흘렀다. 길다면 길고 짧다면 짧은 시간….

대학생들이 대개 4년 정도 대학을 다닌다고 하니 나는 인생이 제공하는 또 하나의 대학을 막 졸업한 기분이다.

정신없이 달려온 시간을 인식하고 보니 많은 것이 변화되어 있다. 그러나 이 와중에서도 한결같이 변하지 않는 내 마음은 우리 직원들을 바라볼 때 생기는 뭉클함이다.

50대 중반에 우리 회사로 들어와 일을 시작했던 직원 몇몇 분이 이제는 60대가 되었다. 아내가 오늘 걱정 섞인 목소리로 말한다. 직원들이 나이가 들어갈수록 많이 힘들어하고 행동도 느려졌다는 것이다. 나 자신도 환갑을 맞이하고 보니 깜빡깜빡 잊어버리는 것이 많아 허탈할 때가 많은데 그들이라고 별 수 있으랴!

젊은 직원들은 "사장님 치매보험이라도 들어 두셔야겠다."며 놀려댄다. 내 이럴 땐 허허 웃으면 그만이지만 나이 든 직원들을 생각하면 가슴이 아리다.

아내와 나는 약속했다. 그분들이 식당 뒤편에 앉아 양파만 깔 수 있는 힘만 있어도 끝까지 함께하기로.

본인들의 사정으로 인해 그만두기 전에는 어떠한 일이 있어도 먼저 그만두게 하는 일은 없기로 했다. 그들이 얼마나 힘써 주었는데 이제 와서 코 푼 휴지처럼 버릴 수는 없다며.

오랜 세월을 함께했고 그동안 많은 기여를 해 오신 그들과 앞으로 10년은 더 건강하게 손을 잡고 나아가야 한다. 그것만이 차가운 인생의 추위를 견딜 수 있는 힘이 된다. 이렇게 모두가 영원히 따뜻하게 손을 잡고 기쁠 때나 슬플 때나 함께했으면 하는 마음이다.

날이 차지만 커피 덕분인지 마음이 따뜻해진다.

내 인생의 겨울날을 기억하며 오늘도 봄날을 만들기 위해 노력하고 있다.

빨리 출근하고 싶은
놀이터 같은 식당으로 만들어라

주위 사람들의 이야기를 들어 보면 식당은 직원들이 속을 썩여 못 해 먹는다는 이야기를 많이들 한다. 나 또한 개업 당시 그런 이야기를 들었고 처음에는 직원들로 인한 어려움이 많았다. 그러나 지금은 직원 간의 불화도 없고 너무나도 분위기가 좋은 곳이 되었다.

갈등이 생기면서 어떻게 해야 할지 고민이 많았다. 내가 원하는 완벽한 직원을 구할 때까지 계속 사람을 내보내야 할까? 그건 아닌 듯하다. 생각을 달리 해 보기로 했다. '만약 완벽한 직원을 구할 수 없다면, 내가 완벽한 사장이 되는 건 어떨까?'

여기 있는 직원들은 대부분 지금까지 만났던 주인(사장)에게 정을 받지 못했다. 그러면 식당에서 일할 때 '이곳은 그냥 거쳐 가는 곳'이라는 생각밖에 들지 않았을 것이다.

나는 그렇게 직원들을 대하고 싶지 않았다. 한번 진심으로 직원들을 대해 보자는 생각을 가졌다. 그리고 차츰차츰 관계를 형성해 나가기 위해 노력했다.

업무적으로는 항상 냉정하게 평가하였다. 업무상 실수에 대해서는 꾸짖는 것을 삼가지 않았다. 하지만 개인적으로는 아빠같이, 친혈육같이 정을 주었다.

개인적으로 혈육처럼 정을 줄 수 있었던 이유는 내 자신이 많은 어려움을 겪어 본 사람이기 때문이다.

대다수의 직원들은 무난하게 가정생활을 하고 있지만, 간혹 어려움에 처한 직원들도 있다. 그런 직원들에게는 어떤 어려움이 있는지를 물어보고 가능하면 해결해 주려고 한다.

만약 임대보증금이 부족하면 보증금을 지급해 주는 식이다. 일한 지 한두 달밖에 안 된 직원일지라도 그렇게 하고 있다. 그렇다고 모든 것을 그냥 주는 것은 아니고 가불처리를 한 뒤 매월 급여에서 조금씩 갚아 나갈 수 있도록 한다. 무조건 베푸는 선행이 옳다고는 생각하지 않기 때문이다. 받는 쪽에서도 부담스럽고 스스로 갚아 나가는 편이 심리적으로 더 동등한 관계를 유지할 수 있지 않을까 싶다.

누구나 살다 보면 예상치 않았던 일이 일어나 돈이 필요한 때가 생긴다. 그렇게 누구나 거쳐 가는 추운 바람을 막아 줄 수 있는 작은 배려를 베풀고 싶다. 개인적으로 이런 면들이 있었기에 지금의 콩나물국밥집이 잘 운영되고 있다고 생각한다. 앞으로도 우리 직원들을 위해서라면 최선을 다하고 싶은 마음뿐이다.

여기는 지방의 한 중소도시이기에 월 매출 1억 정도를 올리는 것은 직원들의 협조 없이는 도저히 불가능한 일이다. 하루에 수백 명의 손님을 받는 직원들은 몸이 힘들어도 밝은 표정으로 즐겁게 열심히 일한다. 손님이 들어올 때마다 "어서 오세요~!" 하고 큰 소리로 외치고 음식 맛은 물론 손님을 대하는 예절까지 정이 넘치고 깍듯하다.

우리는 주기적으로 함께 모여 서로 이야기하는 시간을 가지며 여러 명이 모인 자리에서 자기 소신을 밝히기도 했다. 임원회의처럼 모두가 적극적으로 동참한다. 그런 경험을 하면 일이 즐거워진다. 교육 시간엔 간식과 다과를 먹으며 화기애애한 분위기를 만들어 간다.

어떤 사업을 하든지 한 사업의 대장격인 사장은 자신 밑에서 일하는 사람들에게 꿈과 희망을 심어 주어야 한다. 무조건 "너는 내 밑에 있으니까 시키는 대로나 하는 게 제일 잘하는 것"이라는 생각을 하면 직원은 정말로 딱 거기까지만 한다. 사장이 기대하는 게 없으니 자신도 일에서 기대하는 게 없다. 똑같이 돈을 보고 일해도, 직업적 만족감, 목표를 달성했을 때 느끼는 뿌듯한 성취감, 대우를 받고 있다고 생각될 때 느끼는 자존감 등등이 플러스가 되면 훨씬 일을 잘하게 된다.

'내가 만약 일하는 직원이라면 이런 대우를 받았으면 좋겠다'라고 생각하고, A4용지 종이에다 기록해 보아라. 직원이 출근하면 어떤 얼굴과 무슨 인사말을 건네면 좋을까? 직원이 실수했을 땐 어떻게 대하면 좋을까? 어떻게 하면 일하는 게 신나게 될까?

끝없이 궁리하고 궁리해야 한다. 점포만 열어 놓고 손님만 기다리며 직원에게 모든 걸 시키고 뒷짐만 지고 있어서는 사업을 키울 수 없다. 늙지 않는 두뇌를 가지기 위해서라도 스스로 일터를 좋게 가꿀 생각을 해 보면 좋겠다.

지금 내 점포에서 일하는 직원들은 언제까지 근무하게 될지는 모르겠지만, 인생을 졸업할 때까지 이곳에서 근무하고 싶다고 하니 주인으로서는 고마울 따름이다.

특히나 아침에 일어나면 직장으로 빨리 가고 싶어진다며 여기 오면 언니도 만나고 친구도 만나 수다를 떨 수 있어 좋다고 할 때는 그 해맑은 웃음에 감동하게 된다.

서로에게 힘이 되는 분위기가 만들어져 다행스러울 뿐이다.

가끔 손님과 직원 간에
다툼이 있을 때는
가능하면 직원을 보호하고 감싸 주라

식당은 요식업이자 서비스업이다 보니 사소한 것으로 인하여 손님과 다툼이 발생될 때가 있다. 물론 직원의 부주의도 있을 수 있지만, 대부분 손님들로 인한 문제가 더 많다. 어떤 직원이 우리 식당을 찾아 준 고마운 손님에게 먼저 불쾌한 행동을 하겠나. 손님과의 다툼은 대부분 술을 한 잔 먹은 손님들이 직원들에게 말을 함부로 하고 욕설을 할 때 생겨난다. 우리 직원들은 많은 교육을 받은 사람들인 만큼 무례한 반응은 하지 않는다. 그렇기에 내가 먼저 빨리 달려가 일을 수습한다. 직원이 모욕감을 갖지 않도록 상황을 재빨리 마무리해 주고 더 이상 분쟁이 번져 나가지 않도록 한다. 물론 손님께도 함부로 할 수 없기 때문에 예의를 갖추고 대하지만, 일이 마무리가 된 뒤에는 꼭 별도로 직원을 불러서 절대 직원이 잘못해서 그런 것이 아니라는 것을 분명하게 이야기해 주고 어깨를 다독거려 준다.

잘잘못을 떠나 무조건 손님 편을 들어 사과를 하는 주인이 많지만, 나는 가능하면 직원을 감싸 주고 더 아껴 주라고 말하고 싶다. 또 자초지종을 알기 전에 직원을 심하게 야단치거나 잘못을 추궁하는 것도 좋지 않다고 본다.

손님을 기분 나쁘게 대우하라는 게 아니다. 내 직원이 더 소중하다는 것을 직원이 느낄 수 있도록 일 처리를 하라는 것이다.

그런 과정을 거쳐 본 직원은 누구보다 더 열심히 일하게 된다. 역지사지易地思之로 보면 명확하다. 내가 직원이라면 자신을 알아주는 사람에게 마음이 기울 것이다. 손님 때문에 기가 죽어 있더라도 이런 대우를 받으면 마음이 많이 좋아지지 않을까? 이렇게 해야 홀, 주방 내에서의 에너지도 활기차지고 더욱 나은 서비스와 맛으로 보답하게 된다. 손님의 입장도 챙겨 주되, 직원을 도외시하지 말라. 직원을 내 밑의 부하가 아닌 나와 함께 일하는 동업자로 여기고 인간적으로 대우하라. 반드시 몇 배의 보답을 받을 것이다.

위로를 할 때 어떤 거창한 스킬이 필요한 것은 아니다,

'어떤 말을 하느냐'보다 '전달하고 싶은 마음이 얼마나 간절하냐'에 따라 위로받는 사람이 자신이 진심으로 위로받고 있는지 아닌지를 느낄 수 있다. 화려한 수식어는 필요없다. 그냥 최대한

내 마음을 전하겠다는 의지만 있으면 된다. 위로해 주고 싶은 마음이 강하다면 반드시 전달이 된다.

먼저 상대의 감정을 이해하고 있음을 알려라.

"많이 화가 났겠지, 힘들겠지."

그리고 그런 감정이 당연한 것임을 인정하라.

"이런 상황에서는 그럴 수밖에 없어." 하고.

마지막으로 상대의 가치를 확인시켜 주라.

"이렇게 힘든 일이 있지만 그래도 수고했다. 당신은 소중한 존재다."

진정으로 존중하는 마음이 있다면 진심은 전해진다. 위로를 아끼지 말길 바란다.

사람은 에너지를 재충전해야 할 때가 있다. 손님과 다툼이 있었을 때가 그럴 때다. 기껏 힘들게 음식을 만들고 서빙했는데 욕을 먹는다면 얼마나 서럽겠는가. 그러니 이럴 때 주인이 나서서 그 마음을 보듬어 주어야 한다. 직원들과 함께하고자 하는 마음이 있다면 어렵지 않을 것이다.

직원들 간 다툼이 있으면
두 사람 모두에게 경고하라

직원들 간에 불화가 있어 다툼이 자주 발생할 때는 두 사람을 두고 누구의 잘잘못을 따지지 말고 모두에게 사직서를 내게 하고 있다. 냉정한 방법이지만 이것이 가장 좋은 해결책이다. 잘잘못을 따지면 언성이 높아질 수밖에 없다. 모두 본인은 잘못이 없다고 할 것이다.

이곳에서 계속 일을 하고 싶은 사람이라면 상대가 조금 불편하게 싸움을 걸어 와도 참고 거기에 대응을 하지 않을 것이다.

우리 직원 모두는 다투면 두 사람 모두 그만둬야 한다는 걸 잘 알고 있기 때문에 서로 양보하고 배려하는 모습으로 일하고 있다.

한쪽 직원의 편을 들게 되면 공정성에 의심이 갈 수도 있고 배척받은 직원은 서러워진다. 그러면 불화의 씨앗은 계속 남아 있

3장 직원들과 춤을 추는 법   120

게 된다. 결국 언젠가 비슷한 문제로 또 싸우게 될 수 있다. 그럴 바엔 두 명 모두에게 책임을 묻는 것이 공정하다고 본다.

사회는 더 이상 학교와 같이 모두를 보호하는 시스템으로 돌아가지 않기 때문에 성인으로서 책임을 져야 한다. 성숙한 성인이라면 싸움을 예방할 수 있어야 하고 조직 내의 화합을 위해서 자신을 수그릴 수도 있어야 한다고 생각한다. 선생님처럼 판결을 내려 줄 수는 없는 것이다. 이 점을 직원들에게 주지시키고 다툼을 일으키지 않는 것이 최선의 방책이라는 것을 알려 주었으면 한다.

화를 다스리는 법

화를 있는 그대로 내는 것도, 꾹꾹 눌러 참는 것도 최선책은 아니다.

화가 났을 때 화가 났음을 알아차리고 그 감정을 지켜본다. 최대한 상황을 객관적으로 보려고 노력한다. 내가 왜 화가 났는지, 현 상황을 해결하기 위해 무엇을 해야 하는지를 냉정하게 바라본다.

그리고 필요하다고 생각되면 상대방에게 "내가 지금 이러이러해서 속상합니다."라고 부드럽게 말을 건넨다.

상대방의 입장에서도 생각해 보는 지혜가 필요하다. '저 사람

은 왜 저렇게 말을 했을까? 분명 이유가 있겠지.' 하고 역지사
지의 마음을 가진다.

심하게 화가 났을 때는 잠시 '잠깐만'이라고 하고 심호흡을 하
며 몇 초간 숫자를 세며 이성적인 마음이 돌아올 때까지 침묵
한다.

마음이 안정을 되찾고 편안해지면 스스로를 다독여 준다. 따뜻
한 차를 마시거나 친구와 화가 난 상황에 대해 이야기하는 것
도 좋은 방법이다.

직원들을
춤추게 하라

나는 하루하루 매출에 대한 수당을 지급하고 한 달 매출이 달성되었을 때 또다시 인센티브를 준다. 직원 생일이 되면 케이크를 사서 모두 한자리에 모여 축하 노래를 부르고 박수를 치며 하루 일과를 시작한다.

▌생일축하

1년이 되면 (원칙상으로는 안 되지만) 퇴직을 하든 안 하든 무조건 모두에게 퇴직금에 해당하는 돈을 지급하며, 거기에 순금 한 돈까지 선물로 더해 주고 있다. 퇴직금을 받는 직원들도 매장 수만큼의 떡을 준비해 모든 매장에 돌리고 함께 축하를 한다.

3년 이상 근무를 한 직원들은 제주도 여행을 보내 함께 즐기면서 직원들 간의 돈독함을 유지할 수 있도록 하고 있으며, 매년 4월이 되면 모든 매장 직원들이 워크샵 여행을 가 봄놀이를 한다. 그날만큼은 전 직원이 힐링이 될 수 있도록 최선을 다하기 위해 모든 매장이 문을 닫는다. 쉽지 않은 일이지만 절대 손해라고 생각하지 않고 행하고 있다. 이 밖에도 나는 직원들의 애경사에는 꼭 참석하고 있다.

▎3년 이상 근무한 직원들과 제주도 여행

내가 이렇게 하는 이유는 진심으로 직원들과 함께하고자 하는 마음 때문이다. 직원들이 스스로를 일만 하는 기계가 아니라 자신의 삶을 할애하여 자아실현을 이루는 사람이라고 여겼으면 좋겠다. 나는 결코 매장에서 하는 일이 사무실에 앉아서 업무를 보는 다른 업종보다 낮은 위치에 있다고 생각하지 않는다. 매일같이 수백 명분의 음식을 만들고 싹싹하게 인사하며 설거지를 하고 테이블을 닦는 일에 맺히는 땀방울에는 숭고함이 있다. 우리는 맛있는 음식을 대접하여 손님의 허기를 달래고 하루의 피로를 잠시나마 잊을 수 있는 공간을 제공한다. 이것만으로도 충분히 거룩한 일이다. 거룩한 일에 따른 보상을 잘 챙겨 주는 것은 선심이 아니라 의무다. 나 또한 직원들 없이는 아무것도 아니다. 내 말을 잘 따라 주고 열심히 일해 주는 직원들 덕분에 나도 편하게 발 뻗고 자고 먹고 입으니까.

내가 춤을 추려면 직원들이 먼저 춤추어야 한다. 일하면서 어깨춤이 났으면 한다. 자기도 모르는 새 즐기며 일하기를 바란다. 그렇게 하면 능률도 훨씬 올라가고 국밥에도 정성이 담기게 된다.

노력하는 자를 게으른 자가 이기지 못하고 즐기는 자를 노력하는 자가 이기지 못한다. 직원들이 신나서 일을 하면 매장 분위기도 좋아진다. 사장으로서 쾌적한 근무환경을 제공하기 위해 노력하고 있으며 그 결실을 보고 있다고 생각하고 있다.

직원 구하기가 힘들다면
급료를 많이 줘라

많은 사람들이 식당을 운영하면서 직원들 구하기가 힘들다고들 한다. 물론 사정을 알지만 조금만 신경을 쓰면 남들보다 쉽게 직원을 구할 수가 있다. 한번 생각해 보라. 내가 직원이라면 어떤 회사에 가고 싶겠는가? 일이 고되어도 이 조건이라면 꼭 가겠다 생각되는 요소가 무엇일까?

당연히 급료의 크기이다.

직원을 모집할 때 다른 식당들보다 조금만 더 급료를 주면 사람을 구하기도 쉬울 뿐만 아니라 쉽게 그만두지도 않는다. 대개 식당 급료는 큰 차이 없이 고만고만하기 때문에 조금만 더 주어도 금세 지원자가 몰린다.

식당은 많고 항시 직원을 모집한다. 따라서 식당일을 하는 사람들은 오늘 그만두어도 바로 직장을 구할 수 있다는 생각에 조금만 대우가 나쁘면 다른 곳으로 옮기는 경우가 많다. 그렇기 때문에 가능하면 다른 곳보다 급료를 더 주는 것이 운영하는 데 도움이 된다.

명절과 같은 연휴기간 동안 일할 사람을 구하지 못해 문을 닫는 가게들이 많다. 대부분 인건비를 아껴 평일을 기준으로 일당을 조금만 올려 주니까 일을 하려고 하지 않는 것이다. 그 정도 급료면 차라리 집에서 쉬는 게 낫다고 생각하기 마련이다.

그러나 연휴 기간 동안 평상시 급료의 두 배를 준다고 하면 거의 모든 직원들이 일을 하려고 한다. '노느니 일하자'로 마인드가 바뀐다.

그렇다면 사장에게 손해가 아니냐? 그렇지 않다. 문을 닫는 경우보다 문을 여는 것이 유리하다. 평상시보다 두 배의 급료를 줘도 연휴엔 매출이 두 배 이상이 나온다. 연휴에는 친척들이 모여서 외식하려고 하다가 가게들이 다 문을 닫고 있어서 빙빙 돌다 열린 식당으로 간다. 또 이렇게 한번 눈도장을 찍어 두면 '저 식당은 365일 언제든지 가면 열려 있는 식당'이라고 생각되어 다시 찾을 확률이 높아진다. 이런 이미지는 비싼 돈 주고 마케팅을 하는 것보다 좋은 광고효과이다. 따라서 사장으로서는 전혀 손해 볼 것이 없다. 그러니 연휴 때는 사람을 못 구한다고 말하지 말고 급료를 많이 주어 일할 사람을 두는 것이 좋다는 사실을 염두에 두길 바란다. 나는 연휴 때가 되면 무조건 현금을 찾아서 퇴근할 때 손에 쥐어 주고 있다. 우리 직원들은 매일 매일 돈 만지는 재미로 며칠 동안 웃으면서 일할 수 있다. 누이 좋고 매부 좋은 일이니 연휴에 쓰는 돈을 아깝다 생각하지 말라.

함께 일하는 파트너의 능력에
차이가 많이 나면 빨리 교체하라

식당의 일은 홀과 주방이 완전 분리되어 있다. 대부분 홀에서 일하는 사람은 홀에서만 일을 하고, 주방에서 일하는 사람은 주방에서만 일한다.

일을 시키다 보면 잘하는 사람이 있고 그렇지 않은 사람이 눈에 띄기 마련이다. 예를 들어 홀을 생각해 보자.

홀 전체의 일을 100%로 보았을 때, 두 사람이 일을 한다면 각각 50%의 일을 책임지고 해 줘야 균형이 맞아 다툼 없이 잘할 수가 있다. 헌데 그게 이루어지지 않는 경우가 발생하기도 한다.

균형을 잘 맞추지 못하여 한 사람이 60%를 하고 다른 사람이 40%를 할 경우엔 조금의 불편함은 있겠지만 유지해 나갈 수 있다. 그러나 한쪽이 일에 대한 능력이 너무 부족하여 30%의 일만을 한다면 나머지 70%를 하는 쪽이 힘들어 오래 견딜 수 없게 된다.

이럴 땐 일을 잘하는 사람을 잃지 않도록 빨리 상대를 바꾸어 주는 것이 책임자가 할 일이라고 생각한다. 무조건 사람 숫자만 맞추어 놓지 말고 직원들의 능력을 잘 파악해서 힘들지 않게 균형을 잘 맞추어 운영할 수 있어야 한다.

식당을 몇 년 동안 운영해 오다 보면 새로 채용한 직원에게 하루만 일을 시켜 보아도 어떤 성향을 가진 사람이고 어떤 쪽에서 일을 해 보았다는 것을 알 수가 있다. 지금 당장 능력은 조금 부족해도 열심히 노력하는 사람은 가르쳐서 일을 시키면 된다.

식당일이라는 것은 며칠만 배우면 모두가 할 수 있는 일이다. 특별한 기술을 요구하는 것이 아니기 때문에 열심히 배우려고 하는 사람은 가능하면 채용을 하고 있다. 그러나 오히려 다른 곳에서 몇 년 했다고 일을 배우려고 하지 않고 본인 고집대로 하는 사람이 있는데, 이런 사람은 틀림없이 며칠 못 가서 기존에 있던 직원과 잘 맞지 않아 트러블이 생기게 된다. 그렇다 보면 기존 직원을 보호해야 하기 때문에 함께 근무를 시킬 수가 없다. 화합이 이루어지지 않으면 위험하다는 것을 기억하라.

처음 직원 모집 광고를
내게 되면

    처음 식당을 오픈하려고 생활정보지에 광고를 내고 나면 많은 구직자들이 전화가 와서 쉽게 직원 모집이 가능하다.

    그러나 그 모집된 직원들을 잘 관리할 수 있어야 한다.

    지방은 인구가 부족하기 때문에 식당에서 근무할 사람들이 많지가 않다. 그래서 오랫동안 근무하지 못하고 직원들과 잦은 다툼이 있어 이곳저곳 식당을 돌아다니는 사람, 도저히 직원으로 근무시킬 수 없을 만큼 일을 잘 못하는 사람, 근무 태도가 좋지 않았던 사람들이 구인 광고만 보고 있다가 처음 오픈하는 곳으로 찾아가는 경우가 있다.

    작은 도시에서 식당을 오랫동안 해 본 사람은 누가 일을 못 해서 식당을 이곳저곳 떠돌아다니는지 알지만 처음 식당을 오픈한 사장은 아무것도 모르고 직원을 채용하는 경우가 있어 피해를 입을 수가 있다. 요즈음은 식당 직원들도 함부로 퇴사시킬 수가 없다. 그런 사실을 잘 알고 법을 이용하여 주인을 괴롭혀서 자신을 퇴사시키도록 유도한 뒤 노동청에 고발해 합의금을 챙기는 경우도 있다.

나 또한 새로운 점포를 오픈시키면서 이를 몇 번 경험하였기에 처음 식당을 오픈하시는 분들에게 참고가 되었으면 한다.

처음 장사를 하면서 불성실한 직원을 쓰게 되는 경우는 누구나 한 번쯤은 겪게 되는 일 같다. 일을 시키면서 잘 판단해야 할 것이다. 정상적으로 식당이 궤도에 오를 때까지는 보통 빠르면 3개월에서 6개월쯤은 지나야 한다. 그쯤 되어야 직원들을 구분하는 눈도 생기리라 본다. 식당 역시 다른 중소기업처럼 근로기준법 적용을 받고 있으므로 직원모집과 관리에 많은 신경을 쓰도록 하라.

어쩌다 악연에 얽힌 직원을 고용하게 되어 손해가 생길 위기에 처한다면 되도록 말을 통해서 해결하고자 하라. 정말 악한 사람이 아니라면 대개는 말로 잘 이야기를 하면 합의점에 도달한다. 맞불을 놓지 말고 잘 설득해서 마무리 지을 수 있도록 하는 편이 좋다. 어쨌든 내가 고용해서 인연을 맺게 된 사람이니 책임을 지고 상대하도록 하라.

직원들에게 끌려가는
사장이 되어서는 안 된다

기존에 식당을 운영해 본 사람들도 있겠지만 대다수 식당을 오픈하는 사람들은 처음 시작하는 분들이 많다. 그런 반면에 식당에 일을 하겠다고 오는 종업원은 대부분 수년 동안 많게는 수십 년을 식당에서 일해 온 사람들이다.

그렇다 보니 식당 주인이 처음 시작한다는 것을 알면 오히려 주인을 가르치려고 한다.

다른 곳에서는 이렇게 한다, 그렇게 하니 손님들이 많더라 등. 주인을 흔들리게 할 때가 많다.

그러나 절대 직원의 말을 따라서는 안 된다. 주인이 주관을 세우지 못하고 직원이 하자는 대로만 하게 되면 일도 잘 안 풀릴뿐더러 주인을 무시하게 된다. 어떠한 경우에도 주인 방식대로 운영이 되어야 할 것이다. 사장이면 사장으로서의 책임을 져라.

그래서 운영자는 많은 공부와 연구를 해야 하고 직원을 가르치며 함께 갈 수 있어야 한다.

아무리 식당에서 일한 경험이 많아도 여기는 여기 방식이 있으니 다른 곳에서의 방식은 오늘 이후 모두 잊어버리고 우리 집 방식대로 따라야만 함께할 수 있다는 것을 인식시킬 수 있어야 원활한 운영이 됨을 명심해야 한다.

나 또한 처음 식당을 운영할 때 어떤 것이 정답인지 몰라 흔들려 본 적이 있다. 직원이 나를 가르치려고 하니 일이 될 수가 없었다. 그런 경험을 바탕으로 지금은 직원을 채용할 때 그전에 어떻게 일을 했든 간에 오늘부터는 우리 가게의 룰에 따라야 함을 잘 이야기한다. 우리 식당은 주기적으로 회의를 여는 등 다른 곳과 차별화되는 점이 많다. 그리고 그만큼 수당에 따른 대우도 좋은 편이니 웬만하면 우리 식당의 룰에 맞추는 쪽을 택한다. 그런 많은 경험들이 오늘을 있게 한 것이라고 믿고 싶다.

직원 채용을 할 때는 현재
절박한 상황에 놓인 사람을 채용하라

많은 구직자들 중에는 자기를 과시하는 경우도 있다.

옛날에 식당을 운영했었고 직원을 써 보아서 잘할 수 있다고 하는 사람들은 가능하면 직원으로 뽑지 않는다. 그런 사람들은 근무하면서도 본인을 사장으로 착각하고 같은 직원에게 일을 시키려고 한다. 몸에 배어 있는 습관은 금방 버려지지 않기 때문에 조금만 힘든 일이 있으면 그 상황을 참아 내지 못하고 그만두게 되는 경우를 많이 겪어 보았다. 주 1회 휴무는 일요일, 또는 토요일로 해야 하고 1주일에 한 번 정도는 산악회에 가야 한다는 등의 이야기를 장황하게 하는 사람들도 오랫동안 근무할 수 없는 사람들이 대부분이라고 생각한다.

왜 그런가? 절박하지 않기 때문이다.

지금 이런이런 상황이라 꼭 돈을 벌어야 한다는 사람, 주 1회 휴무가 주어지지만 혹시 쉬는 날 쉬지 않고 나오면 돈을 더 받을 수 있겠느냐 등을 물어보는 사람, 이런 사람들은 열심히 일을 할 각오가 된 사람들이다. 일을 할 때도 한눈팔지 않는다. 꼭 일을 해서 돈을 벌어야 하기 때문이다. 이런 직원은 능력이 있으면 월급을 올려 주어서라도 데리고 있는 게 좋다.

어떤 이들은 처음 식당을 오픈했을 땐 매출이 당장 오르지 않아서 직원에게 급료를 많이 지불할 수 없다고들 한다. 처음부터 거액을 주라는 게 아니다. 작으면 작은 대로 시작하라. 주게 되면 주지 않을 때가 불편해진다. 다른 곳보다 조금만 더 주어도 직원들은 일하려고 한다.

식당도 식당마다 천차만별이라 오너의 성품에 따라 직원들에게 배려하는 마음이 다 다르다. 아무리 장사가 잘되고 매출이 높은 식당도 직원에게 인색하면 인복人福을 잃는다. 인복은 사람에게 도움을 많이 받는 복이다. 직원을 아랫사람으로만 대하고 하찮게 여기면 다 느끼고 다 안다. 알게 모르게 식당 일에도 영향이 간다. 진정한 주인이라면, 가게가 잘되게 도와주는 직원을 귀하게 여겨야 한다. 그렇지 않으면 있던 복도 떠나간다.

나라고 처음부터 가진 게 많아서 인센티브를 준 게 아니다. 직원들과 함께 가겠다는 마음으로 시작하였기에 그렇게 한 것이다. 봉사하는 사람들은 봉사하면서 기쁨과 보람을 느끼듯이 주는 사람이 되면 줄 때가 그렇게 행복하다. 받기만 하는 사람은 모르는 기쁨을 한번 느껴 보길 바란다. 토니 로빈스라는 사람이 쓴 책 『머니』에 나오는 말을 인용해 보겠다.

> "부(富)에 이르는 비밀은 간단하다. 타인에게 더 많이 도움을 줄 방법을 찾으면 된다. 더 많이 행동하고 더 많이 베풀고 더 큰 존재가 되고 더 많이 봉사하면 된다. 그러면 더 많이 벌 기회가 생긴다."

흔히들 돈을 꽁꽁 숨겨 두고 아껴 써야만 재산이 모일 줄 아는데 그렇지 않다고 본다. 그렇게 하면 얼마간의 재산은 모을 수 있겠지만 그 이상 나아가지 못한다. 그냥 그럭저럭 먹고살 만한 정도에 그치게 된다. 그러면서도 "왜 나는 이렇게 절약하는데 재물이 모이지 않지" 한숨만 푹푹 쉰다. 사고를 바꿔 보길 바란다. 관점을 달리하길 바란다. 부에 이르는 길은 아주 가까이에 있다. 먼저 주도록 하라.

가게를 편하게 일할 수 있는 곳, 동료들과의 관계가 가족 같은 곳으로 만들어라

보통 식당을 운영하다 보면 직원 구하기와 직원 관리하기가 가장 힘들다고 한다.

아무리 일 잘하는 사람이라도 식당 분위기가 좋지 않으면 직원들과의 다툼이 생기고 오랫동안 근무하지를 못하게 된다.

나 또한 오늘이 있기까지 많은 어려움이 있었다. 하지만 지금은 많은 교육을 통해 서로 가족 같은 분위기를 만들어 가고 있다.

직원들 간에 소통이 잘 되니 일터가 즐거운 곳으로 변했다. 다 마음이 곱고 착한 직원들 덕분이다.

우리 식당에서는 일주일에 한 번 휴무를 한 직원들은 다음 날 출근 때 꼭 음료수라도 사 가지고 와서 동료들에게 나눠 준다. 또 5개 지점에서 일하는 직원들끼리 모두가 얼굴을 모르는 상태라도, 만일 1호점 직원이 퇴직금을 타게 되면 방앗간에서 떡을 맞추어 각 매장에 전부 돌려 준다. 2호점~5호점의 직원들 역시 그렇게 하고 있다. 서로 큰집과 작은집으로 이야기하며 선의의 경쟁을 하니 그 모습이 너무 보기 좋고 운영에도 많은 도움이 되고 있다. 힘든 일을 하는 우리 직원들이 서로 웃으며 지내는 것이 얼마나 다행스러운지 모른다.

현대인들이 회사에서 손꼽는 가장 큰 어려움 중의 하나가 대인관계란다. 서로 협동이 되어서 일을 해야 하는데 사람 사이 일인지라 은근히 파벌이 형성되어 뒷담화를 하거나 싸움이 나는 경우가 생기면 어떻게 해야 될지 모르겠다는 것이다. 그렇게 되는 계기는 아주 작은 것에서 출발하는 경우가 대부분이다. 그냥 상대방이 마음에 들지 않아서 등 별것 아닌 일로 사이가 나빠지게 된다.

내 생각에 밑에서 일하는 직원들 간 불화가 생기게 하지 않으려면 사장이 직접 나서서 조율하는 수밖에 없다. 불평불만의 씨앗이 보이면 빨리 제거할 수 있도록 잘 살펴보아야 한다.

같은 직급의 동료가 주재하려고 하면 잘 되지 않는다. 사장으로서의 권위는 이때 필요한 것이다. 이렇게 해서 동료 직원들 간의 알력다툼은 꼭 조기에 대처하여 발생하지 않도록 하자. 다툼이 일어난 직원들 간의 이야기를 잘 들어 보고 화해할 수 있도록 도와라. 그게 되지 않으면 두 직원 모두 사직서를 내는 수밖에 없다.

그냥 함께 시간을 가지고 직원과 사장이 격 없이 이야기를 하는 것이 바람직하다. 나 역시 꼭 특별한 교육을 했다기보다는 그저 서로 커뮤니케이션이 잘될 수 있도록 노력했기에 지금과 같은 질서가 자리 잡았다고 생각한다.

직원들에게 경제적인 어려움이 있으면 가능하면 해결해 줘라

처음 일을 하러 오는 사람들 중에 쭈뼛거리며 무언가를 말하길 망설이는 사람들이 있다.

그들의 표정을 보면 대충 무엇을 말하고 싶은지 짐작이 간다.

"저… 사장님, 혹시….

"네."

"제가 좀 사정이 안 좋아서 그런데….

차마 뒷말을 잇지 못하는 것을 보고 내가 먼저 말을 꺼낸다.

"혹시 가불을 해 달라는 말씀이신가요? 미리 드릴 수도 있어요."

"아, 정말요?"

믿지 못하겠다는 얼굴로 바라보며 살짝 눈이 흔들린다.

"네. 물론입니다."

강하게 확답한다. 안 될 게 없다는 것을 확실히 알려 주고자 눈을 마주친다.

"고맙습니다. 열심히 할게요."

얼굴에 화색이 도는 예비 직원에게 나도 웃음으로 화답한다.

이렇듯 일을 하기 위해 찾아오는 사람들 중 경제적인 어려움에 처해 있는 사람이 있다. 사람 됨됨이를 잘 판단해 보길 바란다. 투자를 해도 괜찮다고 여겨지면 과감하게 투자하라. 꼭 필요한 직원으로 만들어라. 은혜를 잊지 않는 능력 있는 직원 한 명을 두면 몇 배 이상으로 보답이 돌아온다. 그들은 대부분 어떤 이유로든 몇 개월을 쉬고 다시 일을 하기 위해 시작하는 사람들이다. 생활비가 절실히 필요한 사람들이라고 생각하면 된다. 월급을 받을 때까지 생활할 수 있는 금액만 있으면 열심히 일할 수 있는 사람들인 것이다.

나는 지금까지 그렇게 가불이 필요하여 부탁하는 직원들의 요청을 단 한 번도 거절해 본 적이 없다. 일을 잘하는 직원들이 도중에 경제적인 어려움이 있어 고민하는 경우에도 큰 금액이 아니라면 가능하면 해결해 준다. 그 고마움을 잊지 않고 더 열심히 일해 주는 직원들이 많다.

세상을 살아가는 데 있어서 어찌 원칙만으로 살 수 있겠는가.

물론 법을 어기지 않는 범위 내에서는 원칙대로 사는 게 맞다. 하지만 사람으로서의 정, 따뜻함, 또는 생각지도 못한 운 등 이런 것이 꼭 원칙적으로 일어나지 않는 경우도 많다. 사실 모든 계산과 이익을 따져 가며 살면 이득이 될 것 같지만 꼭 그렇지도 않다. 너무 철두철미하게 계산적인 사람은 '온기가 없다, 정이 없다.'는 소릴 듣는다. 오히려 사람이 떠나가 기회를 놓치기도 하고 제 꾀에 제가 넘어갈 때도 있다. 인간 사이의 일은 조금의 관용과 조금의 베풂이 함께했으면 하는 바람이다. 내가 감당할 수 없을 정도의 일을 하라는 뜻은 아니다. 보증을 서 준다거나 하는, 나의 처지까지 위험해지는 일을 쉽사리 할 수는 없다. 하지만 나의 손이 닿는 범위, 내가 어느 정도 짊어질 수 있는 범위 내에서는 사람들에게 베풀고 살자. 그게 낭비가 아님을 꼭 알게 되는 날이 있을 것이다.

사고가 났을 때
직원에게 최선을 다하라

    오랫동안 일을 시키다 보면 예상하지 못했던 사고가 발생하게 된다. 그렇게 사고가 발생되었을 때 직원이 감동할 만큼 최선을 다하라.

    매일 매일 병원에 찾아가서 진심을 이야기하고, 근무 못 한 일수에 대해서도 처리를 해 주라. 산재에서 월급의 70% 정도가 지급되지만 나는 산재에서 지급되는 돈과 별개로 일을 했으면 받았을 급료를 무조건 100% 지급해 준다. 충분한 휴식을 취할 수 있도록 배려하고 관심을 가진다. 이곳이 내가 일할 곳이란 것을 다시 한번 느낄 수 있게 해 준다. 그렇게 하면 사고 나기 전보다 더 열심히 일하는 직원이 되고 한 사람의 직원이 천군만마와 같은 든든한 조력자가 된다.

무슨 일을 하든, 이 세상의 일은 전부 사람과 사람 간에 이루어진다. 한 사람의 마음을 얻는 것이 내게는 돈을 많이 버는 것보다 몇 배나 더 귀중하고 값지다. 인색한 스크루지 영감이 자신이 죽은 무덤에 아무도 찾아오지 않는 것을 보고 얼마나 후회했는가.

사람의 마음이 서로 온기로 합쳐졌을 때 무슨 일을 해도 신이 나는 법이다. 가족 같은 공동체에서 추진력이 생기면 그냥 데면데면한 곳보다 훨씬 능률이 높아진다. 똑같은 일을 해도 '이곳은 나의 터전, 이곳의 사람들은 나의 가족'이란 생각이 들면 정말 소위 말하는 '내가 사장이라 생각하고 일을 하게 되는 장소'로 여겨져 정말 열심히 즐겁게 일할 수 있다. 직원들에게 돈도 중요하지만 돈 이상의 무형의 무언가를 선사하라.

무형의 무언가는 무엇일까? 잠시 여기서 불교에서 말하는 재물 없이 베풀 수 있는 보시를 소개한다.

무재칠시(無材七施)

어떤 이가 석가모니를 찾아가 호소를 하였다.

"저는 하는 일마다 제대로 되는 일이 없고 가난하니 무슨 이유 때문입니까?"

"그것은 네가 남에게 베풀지 않았기 때문이다."

"저는 아무것도 가진 게 없는 빈털털이입니다.
남에게 줄 것이 있어야 주지 뭘 줄 수 있다는 말입니까?"

"그렇지 않느니라.
가진 것이 없더라도 줄 수 있는 것은 일곱 가지가 있다."

첫째는 화안시(和顔施),
얼굴에 화색을 띠고 부드럽고 다정한 얼굴로 남을 대하는 것으로
상대를 편안하고 행복하게 만드는 것이요,

둘째는 언시(言施),
사랑의 말, 칭찬의 말, 위로의 말, 격려의 말, 양보의 말 등
따뜻하고 진심어린 말로써 상대에게 베푸는 것이요,

셋째는 심시(心施),
마음의 문을 열고 따뜻한 마음을 주는 것으로
다른 사람의 괴로움을 헤아리고 진심으로 대하는 것이요,

넷째는 안시(眼施),

호의를 담은 눈으로 상대를 온화하고 따뜻한 눈길로 바라보는 것이요,

다섯째는 신시(身施),
몸으로 베푸는 것으로 몸이 불편한 사람을 도와주거나
남의 짐을 들어 주는 등 자신의 육체를 이용하여 보람된 일을
하는 것이요,

여섯째는 좌시(座施),
때와 장소에 맞게 앉은 자리를 내주어 양보하는 것이요,

일곱째는 찰시(察施),
굳이 묻지 않고 상대의 마음을 헤아려 알아서 도와주는 것이다.

직원들을 '내 밑에서 일하는 사람'이 아니라 '나를 위해 일해 주는 고마운 사람' 혹은 '나와 함께 일하는 듬직한 사람'이라고 생각해야 한다. 그러면 자연스레 태도가 부드러워지고 정중해진다. 직원들 하나하나의 말을 잘 경청하고 조심스레 듣는다. 그들이 무슨 생각을 가지고 있는지 잘 파악하고 진심을 다하여 마음으로 소통한다. 겉치레나 허례허식이 아니라 인간 대 인간으로서 대해야 한다.

이런 마음은 처음부터 쉽게 먹어지지 않을 수도 있다. 하지만 꾸준히 연습하고 진정으로 노력하고자 하면 곧 익숙해질 거라 생각한다.

여기서 21일의 법칙을 소개하겠다. 뇌는 관성이 있어서 익숙지 않은 일을 하려고 하면 자꾸 거부를 하고 의심을 불러일으킨다고 한다. 때문에 꾸준하게 메시지를 입력해서 관성의 법칙을 이겨 내어 행하고자 하는 것이 생각이든 행동이든 체화가 되도록 하여야 한다. 거기에 소요되는 시간이 21일이다.

21일간 연습을 하다 보면 습관을 관장하는 '뇌간'이라는 곳에 연결이 되는데, 일단 뇌간에 연결되고 나면 의심이 사라지고 비로소 뇌가 습관으로 인식하게 된다. 그때부터는 심장이 저절로 뛰는 것처럼 좋은 습관이 자연스레 나오게 되는 것이다.

꾸준히 직원들과 함께 나아가기 위해 목표를 잡고 나아가 보도록 하자. 당신의 의지는 당신을 배반하지 않을 것이라 믿는다.

직원들의 애경사는
꼭 챙겨 주도록 하라

비록 식당을 운영하고 있지만 늘 직원들을 아껴야 한다고 생
각하여 작게나마 그 마음을 실천에 옮기고 있는 일이 하나 있다.

직원 한 사람 한 사람의 생일뿐만 아니라 결혼식이나 장례식
등, 그 밖의 애경사 때도 꼭 챙겨 주는 것이다.

결혼식이나 상을 당한 직원들에게 화분을 보내고, 그 자리에
참석해서 축의금 또는 위로금을 전달한다. 방문할 때면 같이 일
하는 직원 몇 명도 함께 참석할 수 있도록 하고 있기 때문에 직원
들이 많이 고마워하고 있다.

내가 이런 일을 하는 것은 나를 위해 일해 주는 직원들을 소중
한 내 인연으로 생각하고 허투루 대하지 않기 위해서이다. 물론
식당을 운영하고 있는 입장에서 모든 사장들에게 쉬운 일은 아닐

것이라 생각한다. 하지만 이런 성의가 곧바로 도움이 되는 것처럼 보이지 않을지라도 시간이 지나면 많은 직원들이 마음을 알아주고 일에도 능률이 오르리라 생각한다.

세상에서 제일 얻기 힘들지만 한번 얻으면 큰 보화가 되는 것이 사람의 마음이고 나는 이 사람의 마음을 잃고 싶지 않다. 사람의 마음이 있으면 아무리 어려운 환경에 처하게 된다고 하더라도 다시 일어설 수 있기 때문이다. 반면 마음을 잃으면 잘 나가다가도 한순간에 고꾸라질 수 있다.

단순히 보답을 바라서 하는 행동은 아니다. 애경사에 참석해 함께 웃고 나누고 때로는 슬퍼하면서 나 또한 많은 것을 느낀다. 공동체로서 의무를 다하고 직원들만큼이나 내가 소속되어 있다는 생각에 마음이 푸근하다.

돈만 있고 사람이 없는 것보다 쓸쓸한 일이 있을까? 사람이 죽기 전에 제일 후회하는 것은 '돈을 더 모았어야 했는데'가 아니라 '더 많이 사랑하고 나눌걸'이라고 한다. 홀로 사업하지 않고 이토록 많은 직원들과 행복을 나누는 지금의 삶이 나는 매우 만족스럽다. 직원들도 그런 마음을 느꼈으면 한다.

인생에서 어떤 직업에 종사하고 어떤 위치에 오르느냐는 중요하지 않다. 중요한 것은 '어떤 사람이 되느냐'이다. 내가 어떤 사람이 될지를 선택하면 무슨 행동을 해야 할지 알게 된다. 그 마음을 따라가면 된다. 정직하고 진솔한 마음이 기본이 된다면 본인도 행복하고 함께 만나는 사람도 행복할 것이다. 덕이 많은 사람이 되어야 한다. 덕장이 되도록 하라. 이 세상은 어차피 사람들끼리 부딪히며 사는 세상이다. 옷깃만 스쳐도 인연이라는 말이 있듯이 지금 당신 주변에 있는 사람들이 어떤 식으로든지 간에 현재 당신과 얽혀 있는 인연이라는 사실엔 변함이 없다. 사실 모든 인연은 당신에게 소중하다. 좋은 연으로 얽힌 사람은 말할 것도 없고 나쁜 연으로 얽힌 사람도 당신에게 인생에 대한 깨달음을 제공하고 있다. 모든 인연을 헛되이 그냥 보내지 말라. 악연도 선연으로 바꾸는 힘을 내길 바란다. 하루하루를 생의 마지막 날인 것처럼 살고 만나는 이를 가장 고귀한 귀인으로 대하도록 하라. 그렇게 한다면 인생의 청사진이 눈앞에 보이게 될 것이다.

사장으로서
행해야 할
의무

가끔씩은 직접 직원처럼
열심히 현장에서 일해 보라

    나는 식당에 충분한 인원을 쓰고 있지만, 가끔 휴무하는 직원을 대신해서 홀 또는 주방에서 일을 하고 손님들과 부딪쳐 본다. 이 글을 읽는 예비 창업자도 사업을 벌였으면 뒷짐 지고 앉아서 사장 명패만 달고 있지 말고 직접 직원들과 함께 전투에 뛰어들어 보길 바란다.

    손님에겐 무엇이 필요하고, 직원들이 힘들어하는 건 무엇인지를 미리 파악해서 시정할 수 있어야 한다. 필요한 것이 있으면 최대한 빨리 보충해 주고 구입해 주라. 매의 눈으로 판단해 가며 어떻게 하면 매장 효율을 높일 수 있을까 알아 보라. 그러려면 일해 봐야 한다. 일하면서 중간중간 메모지에 적거나 핸드폰에 입력해 놓으면 좋다.

식당 일을 경험해 보면 너무 힘들 때가 있다. 정말 힘들어서 손님이 이제 그만 왔으면 하는 생각이 들 때까지도 있다. 그때는 주인도 이러한데 직원들 입장에서는 얼마나 고될까를 생각한다. 직원들은 이렇게 힘들게 일하면서도 손님들에게 내색하지 않고 친절한 미소를 보인다. 사장인 나보다 더 프로페셔널하다고 느껴진다. 이럴 때마다 직원들에 대한 고마움을 느낄 수 있는 계기가 되어 더 잘해 주려고 노력한다.

주기적으로 직접 일을 하고, 부족한 부분들을 시정해 나가야 한다. 그래야 매출신장이 이루어지고 직원 관리도 잘할 수 있다. 사장도 간과하거나 모르는 부분이 있다. 그런 건 직접 부딪쳐 봐야 확실히 알게 된다. 이런 것이 소위 말하는 '짬밥'이다. 짬밥을 채우려면 내가 모르는 부분이 없는지 파악해야 한다. 매장 일에 무관심하고 돈 벌 생각만 하는 사장은 최악의 사장이다. 돈이 들어오는 구멍이 매장인데 딴 곳만 보고 있다. 직원들도 사장이 그러면 다 알고 대충 한다. 장사가 안 된다. 더 돈에 매달리게 된다. 악순환의 반복이 일어난다. 항상 무언가를 추구할 때 총구는 어디를 겨냥해야 하는지 유념하길 바란다.

현장에서 함께 일을 하고 난 후 직원들과 함께 식사를 하는 동안 한 직원이 젓가락질을 잘 못하고 있어 왜 그러냐고 물어보았더니 뚝배기를 너무 많이 씻어 손가락이 아파서 그렇다고 한다.

그걸 보고 나는 밥을 못 먹을 정도로 마음이 아팠다. 직원들은 이렇게까지 열심히 일해 주고 있는데 나는 직원들에게 무엇을 어떻게 해 주고 있는가? 가슴이 저리다는 말의 의미를 느꼈다. 그때부터 나의 많은 생각이 바뀐 것 같다.

'내가 부리는 사람'이 아니라 '나를 위해 일해 주는 사람'들이란 생각에 미치자 결코 이들을 헛되이 대할 수 없겠다는 생각이 들었다. 지금도 그 마음엔 변함이 없다. 언제든 직원들을 위해 최선을 다할 것이다. 그들의 밥그릇은 내가, 나의 밥그릇은 그들이 챙겨 준다는 생각으로 일한다. 초심을 잃지 않기 위해 늘 다짐 또 다짐한다.

음식 맛이 없으면
친형제도 가지 않는다

식당을 운영하려면 메뉴도 중요하지만 그 메뉴가 가진 최고의 맛을 낼 수 있어야 한다. 노력 끝에 최고의 맛을 내게 되었다면 지속적으로 똑같은 맛이 유지되어야 한다. 똑같은 체인점(프랜차이즈)도 점포마다 맛이 조금씩 다르다. 같은 메이커의 통닭인데 동네마다 맛이 다른 경험을 한 적이 있을 것이다. 체인점은 완제품을 바로 공급하는 것이 아니라 회사에서 레시피를 주고 현지에서 음식을 조리하도록 되어 있다. 때문에 만드는 사람의 손맛에 따라 맛에 차이가 나는 것이다.

다른 체인점은 모르겠으나 전주명가콩나물국밥의 경우, 조리할 때 회사에서 주는 레시피에 다른 재료를 더해서 조리하는 것을 규제하지 않는다. 더 맛있게 요리해서 다른 매장보다 많이 팔리고 있으면 회사에서 규제 대상에 놓지 않고 있다.

예를 들어 본다면, 국밥의 경우 지역마다 손님들의 취향이 다르다. 경상도 쪽은 조금 매운 맛을 좋아하는 편이라 기본 레시피에 청양고추를 더 추가해 육수맛을 내고 있다.

만약 당신이 통닭을 판매할 생각이고, 다른 재료를 첨가하는 것을 본사에서 허락한다면, 기본 레시피에 더 맛있는 재료를 첨가해 다른 곳보다 맛있는 통닭을 만들도록 연구개발하길 바란다.

그리고 그렇게 일단 최상의 맛을 내게 되었으면 그 맛을 꾸준히 유지해야 한다. 단골손님들은 지난번에 먹어 봤던 바로 그 맛을 기억하고 다시 찾는 것이다. 맛이 변하면 초심을 잃었다 생각하고 더 이상 오지 않는다. 한번 떠난 손님의 발길을 돌리는 것은 바위를 옮겨 놓는 것보다 힘들다.

아무리 친한 친구라도 맛이 없으면 다시 오지 않는다.

소비자들의 입맛은 정확하다. 맛이 있으면 줄을 서서도 기다려 먹고 맛이 없으면 아무리 값이 싸거나 휘황찬란한 현수막을 걸어 놓아도 오지 않는다. 일단 본인 스스로만 생각해 보아도 알 수 있다. 맛없는 식당엔 두 번 다시 가지 않지 않았는가? 먹는장사는 정직하고 성실해야 한다. 사람의 몸으로 들어가 피가 되고 살이 되고 뼈가 되는 음식이다. 모든 직업이 그렇지만 식당은 절대적으로 윤리의식과 사명감을 가지고 운영해야 한다. 잔반 재사용, 원산지 표기 사기 등은 절대 해서는 안 된다. 적발이 되기라도 하면 그날로 손님이 딱 끊긴다고 생각하고 일해야 한다.

다시 한번 말하지만 소비자는 정직하다. 창업주가 거짓말을 해도 소비자의 입맛은 거짓말을 하지 않는다. 주인은 찾아오는 손님이 "내 아들 딸이고 어머니이고 아버지이다"라 생각하고 성심성의껏 음식을 준비하고 판매하라.

식당 운영을 실패한 사람들을 보면 자기는 모임도 많고 지인들도 많아 그 많은 지인들만 찾아와도 문제가 없다는 생각을 하고 문을 여는 경우가 있다. 물론 많은 지인들이 한 번씩은 찾아주고 음식 맛을 봐 줄 것이다. 허나 음식 맛이 없으면 두 번은 오지 않는 게 식당이다. 가격이 조금 비싸더라도 맛이 좋으면 이해를 하지만, 맛이 없는 음식은 손님들이 용서를 하지 않는다. 아무리 가격이 싸도 '싸구려 음식을 먹었다'는 생각에 더욱 입맛을 잃고 화가 나게 된다. 사람들은 자기 몸속에 들어갈 음식이기 때문에 나쁜 음식을 먹었다고 생각하면 더 민감하게 반응한다. "이런 음식을 팔고도 돈을 받느냐."고 생각할 수도 있다.

음식 가격이 싸면 싼 대로, 비싸면 비싼 대로, 보통이면 보통인 대로 기대하는 맛의 수준이 있다. 싼 음식이 비싼 음식만큼 맛있으면 금상첨화지만 그렇지 못하더라도 기대 수준의 평타는 쳐야 한다. "싸니까 맛 없어도 괜찮아"라고 말하는 소비자는 한 명도 없다. 가격에 비해 맛이 썩 합당치 않다고 생각되면 손해를 보왔다고 여기기 때문에 다시 찾지 않는다. 사장도 그것을 고려하여 내놓는 음식의 재료비나 서비스 비용 등을 포함한 원가와 맛의 균형을 잘 잡아야 한다. 싸다고 해서 막 만든 음식은 결코 소비자가 받아들이지 않을 것임을 명심하라. "싼 게 비지떡"이란 말이 나와서는 안 된다.

최고의 맛을 낼 수 없다면 친형제 자매도 오지 않는다는 것을 기억하길 바란다.

새로운 메뉴를 결정할 때
직원들의 소리를 들어 본다

계절이 바뀌면 계절 메뉴라는 타이틀을 걸고 새 메뉴를 런칭한다.

지금은 찬 바람이 불 때라서 차가운 음식은 들어가고 따뜻한 음식이 나올 차례다.

그렇다고 지나치게 많은 종류의 메뉴를 선택하면 주방에서 버거워하기 때문에 한 가지 음식을 철수시켰다면 한 가지 음식만 다시 나오도록 해야 한다.

기존의 메인 메뉴는 그대로 있기 때문에 많은 메뉴가 필요하지 않다. 주력 메뉴는 정해져 있기 때문이다.

만약 손님들이 먹고 싶어 하는 메뉴 Top 2가 있다면, 두 가지 모두를 런칭할 것이 아니라 직원들과 회의를 통해 많은 의논을 거쳐 하나만 선택하도록 하고 있다. 현장에서 직접 손님을 대하고 있는 직원들의 선택이 가장 합리적이라고 생각하고 있기 때문이다.

여러분들은 어떻게 생각할 것인가. 두 가지 모두 하면 되지 않나? 라고 말하고 싶은가? 그러나 종류가 많다고 장사가 잘되는 것은 아니다. 오히려 전문성이 떨어질 수 있기에 맛도 그저 그렇고 반응도 별로일 수 있다. '선택과 집중'을 통해 한 가지 메뉴를 선정하여 최고의 맛으로 밀어붙여라. 그편이 주방에서도 편하고 손님들이 고를 때도 무리가 없다.

장사가 안 되는 식당을 가 보면 종류가 너무 많다. 그런데도 장사가 안 되면 왜 안 될까 생각하면서 점점 메뉴를 불린다. 메뉴가 많을수록 손님이 더 찾아올 것이라고 생각하는 것 같다. 하지만 이는 실수이다. 가장 잘하는 메뉴 몇 가지만 가지고 장사를 하면 그 메뉴에 꽂히는 '단골손님'들이 점점 많아져 오히려 지속적인 수입을 이뤄낼 수 있다. 만약 메뉴가 너무 많고 맛도 평균적이라면 단골손님은 생기지 않고 그냥 우연히 들러서 간단히 먹고 떠나는 손님만 쌓일 것이다. 결국 콘크리트 고객을 만들 수 없다.

그러니 메뉴를 추가할 때는 신중을 기하길 바란다. 욕심 내지 않고 기본기부터 다지는 것이 언제나 장사의 초석이다.

기본이란 무엇인가. 공부로 따지면 교과서이다. 요령을 피우지 않고 정직하게 돌직구로 나아가는 것이다. 돌직구가 아니면 안 되는 일이 있다. 식당에서는 메뉴 선정이 그것이다. 가장 주력이 될 메뉴를 선정해서 그것을 밀어붙여라. 손님들이 선택할 때 너무 가짓수가 많은 것보다는, 선택 사항이 적어서 한번 맛을 보면 식당의 수준을 알 수 있는, 그런 메뉴를 만들어라. 당신의 가게의 이름을 들으면 딱 떠오르는 메뉴를 가진 식당이 되어야 한다. 그렇게 하면 분명히 꾸준히 오는 손님들이 있을 것이다.

하루 한 끼 정도는
직원들이 우리 음식을 먹게 하라

나는 식당을 운영하기 시작했을 때부터 지금까지 근무하고 있는 직원들에게 가능하면 하루 한 끼는 우리 콩나물 국밥을 먹도록 권하고 있다. 우리가 만든 음식을 먹음으로써 그만큼 자신감을 느낄 수 있고, 맛에 대한 평가를 통해 정상적으로 조리가 되었는지 여부도 확인할 수 있기 때문이다. 따라서 맛을 보아 부족한 점이 느껴지면 꼭 책임자에게 말을 하도록 하고 있다.

자기가 판매할 제품을 직접 써 보고 만족하여 제품에 대한 자신감이 생겨야 소비자에게도 자신 있게 권할 수 있다. 식당의 음식 역시 본인이 먼저 먹어 보고 맛이 있을 때 손님들을 대하는 태도가 당당해질 수 있다. 나 역시 처음 콩나물 국밥을 맛본 순간 이거면 할 수 있겠다는 확신이 있었기 때문에 사업을 시작할 수

▌한 끼는 우리 밥을 먹자

있었다. 가격과 비교했을 때 가성비가 매우 좋다고 느꼈다. 실제로 내가 맛본 지점에는 손님이 바글바글 넘쳐나고 있었다.

근거 없는 자신감은 통하지 않는다. 내 자신이 먼저 먹어 보고 맛에 대한 자신이 없다면 절대 그 식당은 성공할 수가 없다. 내 입에 맞지 않으면 손님들 입에는 더더욱 맞지 않는다. 나보다 손님들의 입맛이 더 까다롭다는 것을 명심하고 있어야 한다. 반대로 손님의 입맛을 사로잡았다면 충분히 자신감을 가지고 밀어붙여도 좋다. 식당을 개업하기 전 자신이 만든 음식이든 프랜차이즈든 꼭 주변 지인도 맛을 보도록 검증을 해 보라. 내 입맛에만 맞는 것인지 불안하다면 이를 통해 평균적인 증언을 얻어 낼 수 있다.

사업은 혼자 하는 것이 아니기에 이렇게 여러 사람의 도움이 필요하다. 여럿의 의견을 취합하는 것을 적극적으로 이용하길 바란다.

주인은 직원들이 출근하기
1시간 전에는 카운터에 도착하여
직원들을 기다려야 한다

　사업체를 운영하든 식당을 운영하든 책임자나 주인은 직원들보다 적어도 1시간 전에 출근하여 일터 전체를 둘러보고 직원들이 출근하는 모습을 체크하여야 한다. 주인이 일찍 나와 있어야 직원들이 항상 긴장된 상태로 근무할 수 있다.

　주인이 일찍 나와 있을 때와 그렇지 않을 때는 직원들의 태도가 다르다. 주인이 없다고 생각되면 출근 시간이 조금 늦었다고 생각되어도 천천히 걸어오지만 주인이 기다리고 있다고 생각되면 걸음걸이가 빨라지고 뛰어 오는 모습을 볼 수 있다. 언제든 주인이 일찍 출근하여 본인들을 기다리고 있다는 점을 알면 출근시간이 정확히 지켜지게 될뿐더러 일하는 중에도 항상 긴장 상태를 유지하여 사고가 나지 않게 된다.

직장생활에서 가장 먼저 지켜야 할 기본자세는 출근시간 엄수로 이루어진다. 무엇을 하든 항상 시작이 중요하다. 일 년은 새해 첫날에, 한 달은 그 달의 첫째 날에, 일주일은 월요일에, 그리고 하루는 아침이 좌우한다. 그만큼 처음 시작을 어떻게 하였느냐에 따라 나머지 일과가 이뤄지는 모양새가 천차만별로 달라진다. 학교에서도 지각을 해서 선생님께 꾸중을 듣고 벌을 서면 그날 하루 종일 기분이 별로이듯이 직장도 일찍 나오지 않고 느릿느릿 출근하면 일도 게으르게 하게 되고 그러다 사고가 나기도 하는 등 별로 좋지 못하다.

일찍 아침 공기를 쐬며 나와야 해이해지지 않고 정신이 빠릿빠릿 잘 돌아가는 것이다.

일체유심조一切唯心造, 모든 것은 마음에 달려 있다. 내가 제대로 출근하고 있고 정시간에 왔다고 생각되면 힘을 내서 기운차게 하루를 시작하고, 느릿느릿 대충 출근하면 그날 하루도 그저 그렇게 변해 버린다.

나는 이 점을 매우 중요하게 생각하기 때문에 늘 다른 직원들보다 일찍 가게에 나온다. 나부터가 바로 서야 다른 직원들도 보고 따라 할 수 있기 때문이다. 조금 피곤하게 느껴지더라도 일찍 일어나서 세수를 하고 일터로 잽싸게 나가면 왠지 모르게 힘이 생겨 든든한 기분이 든다. "오늘 아침도 잘 해냈다"라는 생각이 들어 기분도 좋고 일도 힘내서 하게 된다.

고승들도 잡기 어려운 것이 마음이다. 그러나 한번 마음을 동여매 놓으면 뭐든지 할 수 있는 게 사람이다. 마음아 잡혀라 하면서 가만히 있는다고 저절로 잡히지는 않는다. 먼저 몸으로 행동해야 마음도 따라오게 되어 있다. 그렇게 하기 위한 일환으로 아침 일찍 일어나 출근하는 것이다. 이 사실을 명심 또 명심하여 늘 내 마음을 바로잡기 위해 행동을 취하려는 자세를 유지하는 것을 잊지 말아야 한다.

국물 맛을 내는 육수는
식당의 생명이다

    콩나물 국밥 집에서 가장 중요한 것이 국밥에 들어가는 육수 국물이다. 처음엔 본사의 레시피를 받아 내가 매일 6시간 정도 끓였다. 시간을 맞추지 않으면 맛의 변화를 가져오기 때문에 꼭 내가 끓였으나 이제 매장수가 늘어나게 되면서 실장에게 맡기게 되었다. 한번 끓인 육수는 600인분이 나오는데, 조금이라도 실수를 하게 되면 쓸 수가 없게 되어 큰 낭패를 겪게 된다.

    육수는 약간의 맛의 차이를 보이면 바로 버려야 한다. 나도 바로 버리는 경우가 몇 번 있었다. 그만큼 중요하다는 것을 보여 주기 위해서라도 직원들이 보는 앞에서 버리고 크게 화를 낸 적이 있다. 사장으로서 화를 꼭 내야 할 때가 있는데 이번이 그런 경우이다. 이때는 직원들을 감싸 주면 안 된다. 식당에서 제일 중요한 건 맛이기 때문에 거기서는 타협을 볼 수가 없다.

누구나 실수는 할 수 있다. 그 실수를 감지했을 때는 빨리 수습해야 하는 것을 가르쳐야 한다. 다수의 직원들은 실수를 수습하려 하지 않고 몰래 넘어가려고 한다. 직원과 사장의 차이이다. 이럴 땐 사장이 직접 나서서 다시는 그런 일이 없도록 손수 챙겨야 한다. 그리고 절대 그냥 넘어가지 말라고 단단히 주의를 줘야 한다.

만약 빨리 수습을 하지 못하면 이튿날 장사를 못 하게 되고, 혹여나 그 육수를 그대로 사용했을 경우 600명의 손님이 부족함이 있는 콩나물 국밥을 먹게 되니 앞으로 다시 올 손님 600명을 잃을 수도 있는 것이다. 식당은 맛이 없으면 친형제도 다시 오지 않는다는 것을 잊지 말아야 한다.

자신의 식당을 찾는 주 원인이 되는 주·대표메뉴나 재료는 꼭 한결같은 맛을 유지할 수 있어야 한다. 항상 직접 맛을 보고, 본인이 직접 조리를 하거나 적어도 옆에서 과정을 지켜보는 정도는 해 두어야 할 것이다.

워렌 버핏이 한 말이 있다. "주인으로서의 책임감을 갖고 최선을 다하는 것, 직장인이라면 자신의 돈으로 투자하고 판매하는 것처럼 절박하게 고민하고 행동해야 성공할 수 있다. 단순히 대리인이라는 생각으로 적당히 행동해서는 결코 치열한 경쟁에서 이길 수 없다. 오너처럼 행동해야 실력도 쌓이고 궁극적으로

CEO도 되고 오너도 될 수 있다!" 직원이든 사장이든 모든 일하는 이에게 해당되는 말이라 생각한다. 책임감과 주인의식이 있어야 한다. 모든 일에서 그렇다. 뭐든지 설렁설렁 눈치 보며 해서는 되지 않는다. 지금 내게 꼭 필요한 것에 대해서는 긴장의 끈을 놓지 말라. '철칙'을 세워서 이것만은 꼭 지켜야 한다. 주인이 그렇게 나왔을 때 직원들도 따라하기 마련이다. 완벽해지고 싶다면 모범을 보여라.

손님들 식탁에
장갑 낀 모습을 보이지 말라

바쁘게 일을 하다 보면 장갑을 낀 채로 손님들께 서빙을 하게 되는 경우가 발생할 수 있다.

주방에서 쓰던 장갑을 끼고 음식을 식탁에 가져다주면 받는 손님의 기분이 어떨지 상상해 보라. 당연히 찜찜해질 것임은 물론이고 주위의 시선 또한 곱지 않을 것이다.

주로 식당이 많이 바쁠 때 홀에서 일하던 직원들이 장갑을 낀 상태로 잠시 다른 일을 하다가, 혹은 장갑 낀 주방 직원이 홀에 나와 일을 돕다가 그대로 음식을 가지고 가 식탁에 놓게 된다. 우리 식당에서는 아무리 바쁜 경우라도 그렇게 하는 것은 용납되지 않는다.

요즘은 맛은 당연한 것이고 깨끗하고 쾌적한 식사 환경 또한 매우 중요하게 여겨지고 있다. 주방에서 일하면서 꼈던 장갑으로 음식을 서빙하면 비위생적으로 보일뿐더러 받은 음식이 아무리 맛있어 보이더라도 입에 넣고 싶지가 않다. 장갑을 끼고 남은 반찬을 덜어 내거나 설거지를 하고 쓰레기를 치웠다고 생각되면 그것이 닿은 음식을 먹고 싶겠는가? 그렇게 하지 않은 깨끗한 장갑이라고 하더라도 손님은 그것을 모른다. 당연히 두 번 다시 이 식당에는 오지 말아야지 생각하게 될 것이다.

좋은 이미지를 쌓는 것은 많은 시간과 노력과 공을 들여야 차근차근 이루어지지만 나쁜 이미지는 정말 한순간에 불쑥 생겨나는 데다가 오래 간다. 더군다나 한번 나쁜 이미지가 각인되면 다시 좋은 이미지로 바꾸는 것은 정말 정말 어렵다. 이 세상의 모든 일이 그러하다. 하물며 몸속으로 들어갈 음식에 해당하는 일이라면 더욱더 그렇지 않겠는가? 과거 쓰레기 만두 파동이 일었을 때 어떠했는지를 생각해 보자.

얼핏 사소한 일처럼 보이지만 꼭 지켜야 할 철칙이 몇 가지 있다. 그중 하나가 위생이다. 손님들에게 기분 좋은 식사를 제공하려면 식당의 청결한 이미지는 필수라는 것을 기억하라.

TV프로그램 '백종원의 골목식당'에서 백종원이 늘 주의 깊게 보는 한 가지가 청결이다. 늘 주방을 살피고 음식의 보관 상태 등을 눈여겨본다. 다 이유가 있다. 지역 맛집으로 알려진 강원도 속초의 만석닭강정은 선반, 후드에 기름때 먼지가 쌓여 청결하지 않은 상태로 운영하다 적발됐다. 당연히 매출에 치명적인 타격을 가져왔다.

먹는장사에 있어서 위생은 선택이 아니라 반드시 지켜야 하는 제1원칙이다. 꼭 새겨 두길 바란다. 위생이 제대로 되었다면 일단 자신감을 가지고 시작해도 좋다.

먹는 장사는
퍼 주는 장사를 하라

나는 우리 가게에 근무하는 직원들의 지인이 식당에 찾아오면 내 눈치를 보지 말고 음료수 한 병이라도 서비스를 주라고 한다. 또 경찰복을 입고 오거나 거리에 청소하시는 분들이 와도 무조건 만두 한 판을 서비스로 제공하고 있다. 비록 손님이 4,300원짜리 국밥 한 그릇을 시켜도 때에 따라서는 5,000원짜리 만두 한 판을 서비스할 줄 알아야 성공할 수 있다. 장사는 꼭 남는 장사만 하려고 들면 안 된다. 필요하면 남지 않는 장사도 할 수 있어야 한다.

왜 그렇게 해야 하는가? 손님과 내가 한 번만 보고 헤어질 인연이 되어선 안 되기 때문이다. 만약 이 손님이 오늘, 지금 한 번만 올 것이고 무슨 일이 있어도 다시는 여기 오지 않는다면 서비스를 하지 않는 것이 이익이다. 하지만 서비스를 함으로써 손님이 단 한 번이라도 더 오고, 그것이 누적되어 단골손님이 될 수 있다면 당연히 서비스를 해 주는 것이 옳다.

가족 단위의 손님이 몇 만 원의 매출을 이루어 주었다면, 카운터에서 계산할 때 아이 손님에게 과자라도 한 봉 정도는 서비스할 수 있어야 한다. 아이들이 있는 식탁에 가서 콜라 서비스를 하는 것도 같은 맥락이다. 어른들은 4,300원짜리 국밥을 먹지만 아이들은 6,000원짜리 돈가스를 먹는 경우가 많으니 아까운 것이 아니다. 부모들이 무척 기뻐하고 감동할 뿐만 아니라, 과자나 콜라를 공짜로 얻은 아이들이 다음에 또 오자고 부모를 조르니 그 가족들은 다시 단골손님이 되어 돌아온다. 작은 서비스 하나가 이토록 큰 홍보수단이 된다.

이렇게 장사를 하는 사람은 항상 어떻게 하면 손님의 마음을 사로잡고 한 명이라도 더 끌어올 수 있을까 궁리를 해야 한다. 그냥 매장만 열어 두고 손님이 오기를 기다려선 안 된다. 상상력과 재치를 동원하라. 내가 손님이라면 어떨 때 다시 오고 싶어질지를 생각해 보라.

이처럼 끝없이 생각하고 궁리하고 노력해야 장사를 발전시킬 수 있고 더 많은 손님이 오게 된다.

나는 우리 직원들에게 이렇게 이야기를 하고 있다.

"내가 여러 곳의 가게를 운영하고 있다 보니 한 곳에 상주해 있을 수가 없다. 그렇다 보니 나를 아는 지인들이 찾아왔을 때 반갑게 맞이해 주지를 못하는 경우가 많다. '너희 가게에 몇 번을 가도 얼굴 볼 수가 없더라.'라는 말을 많이 듣게 된다. 그러니 어떤 손님이 와서 '사장님 어디 갔느냐.'고 묻기만 해도 만두 한 판을 서비스로 주라."

그 손님들은 나를 아는 지인들일 것이다. 사장을 잘 안다고 찾아왔는데 얼굴도 보지 못하면 헛걸음했다고 생각하지 않겠는가. 나를 대신해서 근무하는 직원이라도 서비스를 하여야 다음에 또 찾게 될 것이라 믿는다.

나는 만두 한 판 값의 원가가 얼마인지 계산해 보지는 않았다. 하지만 지금까지 수많은 만두를 서비스하였다.

장사하는 입장에서 서비스를 왜 해야 하는지는 위에 기술하였지만, 다시 한번 강조하고 싶다. 서비스를 우리나라 말로 한다면 '인정'이다. 장터에서 콩나물을 사면 듬뿍 담아 주는 그런 인정 말이다. 우리나라 사람들은 기본적으로 인정이 있다. '정'이라는 말이 가지는 의미는 쉽게 설명하기 힘들다. 영어로 표현하자면 무슨 단어를 써야 할까? 그만큼 한국에서 '정'이 가지는 느낌이 독보적이다. 그러니 정에 약한 사람이 되도록 하라. 정이라는 단어와 정을 나눠 주는 마음이 얼마나 예쁜가. 나눌수록 커지는 게 정이고 사랑이다. 작은 정 하나가 큰 울림으로 다가온다. 사소한 것에서 기쁨을 나눌 수 있으니 손해 볼 것 없다. 너무 냉정하게 선을 긋고 살지 말고 때로는 선을 넘어 먼저 베풀었으면 좋겠다. 도깨

비 방망이처럼 두드릴수록 금은보화가 나오는 것이 바로 정이다.
이러한 마인드가 지금을 있게 한 것이 아닐까? 하고 생각한다.

카운터에서 계산할 때는 무조건 아는 척을 하고 손님과 대화를 하라

"너무 자주 드시면 저희는 고맙지만 물리지 않아요?" "육수 맛이 지난번과 변함이 없습니까?" 등 카운터에서 계산을 할 때 손님과 대화를 시도해 보라. 이렇게 하는 데는 두 가지 이유가 있다. 첫째는 정말로 우리 가게의 음식이 여전히 좋은 맛을 내고 있는지 확인하기 위함이다. 재차 강조하지만 음식은 변함이 없이 맛있어야 하기 때문에 조리과정이 잘 이루어지고 있는지 체크해야 한다. 손님에게 음식맛을 묻는 것은 귀중한 자료가 된다. 손님의 의견을 잘 듣고 문제가 없는지 확인하며 혹시라도 불만족스러웠다면 개선이 필요한 사항에 넣어야 한다.

둘째는 손님에게 관심을 보여 줌으로써 '대접하고 있음'을 알려 주기 위해서다. '저는 당신이 얼마나 맛있게 먹고 있는지 관심이 있고, 당신의 의견은 저희 매장에 아주 소중합니다.'라는 메시지를 보내는 것이다. 그냥 밥만 먹고 가는 사람이 아니라 '소중한 고객'이라는 걸 느끼도록 하는 것이다. 자주 오는 단골손님은 잘 알고 있다고 어필해라. 자신을 기억하는 것은 대부분 기분 좋은 일이기 때문에 '이 사람은 참 열심히 일하는구나' 생각하여 이미지도 좋아진다. '이곳은 친절하고 밝은 가게'라는 생각이 들어 다시 오고 싶게 된다.

이렇게 '사람'을 낚는 어부가 되어야 손님이 더욱 발걸음을 자주 하고 싶어진다는 것을 꼭 기억해 두길 바란다. 카운터에서 무뚝뚝하게 계산만 마치고 눈조차 마주치지 않는 경우가 있는데 나쁜 버릇이다. 들어올 때부터 나갈 때까지 끝까지 손님을 주시하고 공경하고 대우하라. 그래야 다시 오고 싶은 식당이 된다. 인간은 모두가 서로 연결되어 있다. 그래서 행복한 존재라고 생각한다. 그냥 지나칠 인연으로 넘기지 말고 한 사람 한 사람을 소중하게 대해라. 친밀함을 표시하는 것을 싫어할 사람은 없다. 간혹 친근하게 대하여도 손님 쪽에서 별 반응이 없을 수 있는데 상처받지 말라. 그 사람은 그 사람만의 생각에 잠겨 있어서 신경이 안 쓰이는 것이다. 대다수의 사람들은 기뻐하고, 좋게 보아 준다. 한 사람의 손님이라도 푸근한 마음을 안게 된다면 큰 보시를 한 것이니 망설이거나 쭈뼛거리지 말고 대화를 트길 바란다. 작은 소통의 시도가 큰 호감으로 돌아올 것임을 믿어 의심치 말라.

거래처 수금과 직원들 급료는
확실하게 날짜를 지킨다

작은 식당을 운영하고 있어도 식당에 필요한 물건들의 종류가 다양하여 거래처 수가 무척이나 많다. 국밥에 들어가는 재료와 반찬부터 쌀, 콩나물 등등….

거래처는 대부분 한 달 내내 물건을 배달해 주고도 월말이 되어야 수금을 받는 것이 보통이라 수금을 제때 받지 못하면 운영에 많은 어려움이 있다.

때문에 우리는 어떤 일이 있어도 수금을 미루어 본 적이 없다. 그렇게 해야 재료상과의 거래에서 문제가 생기지 않는다.

직원들 급료 역시 지금까지 하루도 미루어 준 적이 없다. 월급을 받는 하루를 위해 한 달 내내 열심히 일한 직원들은 그 돈을 받아 다시 쓸 곳이 많다. 그래서 무조건 오전에 입금시켜 주는 것을 원칙으로 하고 있다.

예를 들어 10일 날부터 출근했다면 다음 달 9일 오전에 월급이 통장으로 입금된다. 하루 분도 남기지 않고 정확히 한 달이 지난 시점에 지급되어 우리 직원들은 월급날이 정해져 있지 않고 저마다 다르다. 이것은 사정이 어려운 직원들에 대한 배려이다.

당장 돈이 급한 상황에서 통장에 돈이 없으면 정말 피가 마르는 것을 느낀 경험이 있다. 그래서인지 더욱 각별하게 신경을 쓰게 된다.

세상에서 제일 나쁜 사장이 돈을 안 주거나 미루는 사장이다. 호통 치는 사장은 차라리 낫다. 노동의 대가는 늘 확실하게 이루어져야 한다. 돈 안 주는 사장이라고 소문나면 일하러 오는 직원들의 발길도 끊길 것이고 더 큰 어려움에 처하게 된다. 무슨 일이 생기더라도 월급만큼은 꼬박꼬박 제때 주는 것을 직원들을 대하는 제1원칙으로 삼아라. 아무리 잘 대해주고 친절하게 이야기해준다고 해도 노동의 대가를 주지 못하면 무용지물이다. 사장님 사정을 봐서 좀 더 머무르는 것은 한시적일 것이고 나중에 고발을 통해 못 받은 급료를 토해 내야 할 수도 있다.

잊지 말자. 식당에서 제일 중요한 것이 맛이라면 직원에게 제일 중요한 것은 급료다. 이는 무슨 사업을 하든지 간에 있어 자본주의 사회를 살아가고 있는 우리에게 제일 당연한 것이고 마땅히 이루어져야 하는 것이다. 요새는 간혹 '열정 페이'라고 해서 젊은이들을 말도 안 되는 급료로 부려먹고 인생 경험으로 포장하는 경우가 있는데 아주 안 좋은 풍토다. 열정도 돈이 있고 확신이 있어야 생긴다. 또 정말 돈이 필요한 사람을 이렇게 대우하는 것은 착취나 다름이 없다고 생각한다. 사장된 사람으로서 급료는 꼭 정해진 대로 정해진 날짜에 주도록 하자.

소문난 맛집을
찾아다녀라

일상의 바쁜 시간이 지나고 나면 우리 부부는 항상 소문난 맛집을 찾아다니며 음식 맛을 본다. 더불어 그곳의 직원들이나 주인 분들이 손님을 대하는 모습을 통해 우리가 배워야 할 부분들이 있으면 기록해서 참고한다.

어느 곳이든 소문난 맛집들이 있다. 손님이 많이 가는 맛집은 음식 맛은 물론 직원들이나 주인 모두에게 틀림없이 배울 점이 있다. 더 친절한가? 테이블 세팅은 어떤가? 인테리어는? 손님이나 직원을 어떻게 대하고 있는가?

요즘은 손님들이 예전보다 의식이 깨어서 평가를 할 때 가게의 친절도도 따진다. 더럽지 않고 청결한지, 깔끔하며 분위기가 있는지 등 내부 인테리어도 고려한다. 왜 비싼 돈을 주고서라도

▌맛집 탐방

고급 양식집에 갈까? 맛도 맛이지만 그 가게가 주는 분위기가 좋은 것이다. 트렌드를 잘 타는 경우, 금세 소문이 난다. 특히 요새는 인스타그램이나 페이스북 등에 사진을 올리면서 '좋았다'고 자발적으로 홍보를 해 주기도 하기 때문에 이것이 하나둘 모이면 정말 많은 손님들을 끌어올 수 있다.

다만 이때 불친절해지거나 초심을 잃으면 또 금세 손님이 사라짐을 명심해야 할 것이다. 너무 불친절하면 맛있어도 가지 않고 아무리 친절해도 맛이 따라 주지 않으면 찾지 않는다고 보면 된다.

그래서 주위에 손님이 많이 가는 소문난 맛집은 다른 곳과 무엇인가를 다르게 운영하고 있음이 틀림없다. 때문에 우리 부부는 시간 날 때마다 주위의 맛집을 찾아다니며 많은 것들을 배우려 한다.

물론 주인이 손님을 맞이하는 방법도 모두 다르지만 음식맛은 지역마다 손님들이 좋아하는 스타일이 다르다. 이 집은 과연 어떤 맛이기에 이렇게 손님들이 많이 찾을까를 생각하며 여러 곳을 찾아다니다 보면 우리가 미처 몰랐던 작은 무엇인가를 배우고 돌아오게 된다.

식당 업주가
조심해야 할 사항

손님이 음주운전을 할 것이라고 예상했거나 충분히 예상할 수 있는 상황에서 업주가 술을 제공한 경우 음주운전에 대한 형사상 방조 책임뿐 아니라 민사상 손해배상 책임까지 부담할 수 있다. 음주운전은 운전자뿐만 아니라 이를 방조한 사람도 처벌받는 범죄이고 음주운전을 할 것을 알면서도 술을 판매한 업주에 대해서는 음주운전 방조죄가 성립되어 1,000만 원 이하의 벌금으로 처벌받게 될 수도 있다.

또 식당에서 미성년자에게 주류를 판매하다 적발될 경우 청소년보호법위반죄로 형사처벌 및 영업 정지 등 행정 처분을 받을 수 있다.

가장 조심해야 할 사항으로 처음 식당을 하는 경우 많이 단속

된다.

손님 한 사람 한 사람 모두 신분증 검사를 할 수가 없어 직원들이 방심하게 되어 청소년이 많은 무리 속에 한 명만 섞여 있어도 처벌 대상이 된다.

워낙 처벌이 강하기 때문에 사업주가 평소에 철저한 교육을 시켜 놓아야 한다. 단속이 되면 벌금은 물론 영업 정지를 당하여 몇 개월 동안 문을 닫아야 하는 경우가 발생될 수 있다. 야간 영업을 하는 업소는 특별히 신경 써야 할 부분이다.

때로 나이를 속이고 술을 시켜 놓고 도망가는 청소년들이 있으므로 어려 보이는 손님이라면 꼭 신분증 확인을 하도록 하자. 덤터기를 쓰는 것은 업주이기 때문에 조심, 또 조심해야 한다. 어떤 청소년은 술을 마시고 "청소년이라 돈이 없다. 신고하면 다 알게 될 것이다."라고 협박을 하는 질이 나쁜 경우도 있다고 한다. 선량한 사업주로서는 눈물 나는 일이다. 사업을 하다 보면 이렇게 별의별 경우를 다 겪기도 한다. 진상손님은 나이와 성별을 가리지 않고 존재한다. 그래도 세상엔 나쁜 사람보다는 착한 사람이 많다. 부정직한 사람보다는 정직한 사람이 많다. 그러니 모든 것에 너무 날을 세울 필요는 없다. 다만 절차상 꼭 지켜야 할 규칙은 정해 놓는 것이 좋다는 뜻이다.

식당 업주로서
알아 둘 사항

최저임금제도란?

최저임금제도는 근로자에게 임금의 최저수준을 보장해 생활 안정과 노동력의 질적 향상을 꾀하고 국민경제의 건전한 발전을 도모하자는 취지로 만들어진 제도다. 우리나라는 1953년에 근로기준법을 제정하면서 최저임금제를 실시할 수 있는 근거를 마련했다. 정부는 1986년 12월 31일 최저임금법을 제정, 공포하고 1988년 1월 1일부터 시행에 들어갔다.

최저임금은 다음과 같이 올라 왔다.

2014년(5,210원) → 2015년(5,580원) → 2017년(6,470원) → 2018년(7,530원) → 2019년(8,350원) → 2020년(8,590원)

최저임금위원회는 정부세종청사에서 열린 전원회의에서 2020년 최저임금을 2019년도(8,350원)보다 2.9%(240원) 오른 8,590원으로 결정했으며 이번 인상률은 2010년 최저임금 적용 이후 10년 만에 가장 낮은 수준이라고 한다. 월단위로 환산하면 (주 40시간 기준 유급 주휴 포함, 월 209시간) 179만 5,310원으로 전년 대비 5만 160원 인상된다.

일자리 안정자금이란?

과도한 최저임금 인상으로 인하여 경영상 어려움에 처할 수 있는 소상공인과 영세중소기업의 경영부담을 완화하고 노동자의 고용불안을 해소하기 위해 사업주에게 지급하는 정부에서 주는 지원금이 일자리 안정자금이다. 4대 보험을 가입한 근로자 1인당 최대 15만 원을 지원받을 수 있다.

청소년 고용금지 업소

일반음식점 영업허가를 받은 업소라도 주로 주류를 판매하는 경우 청소년 보호법상 청소년 고용금지업소에 해당한다.

음식류의 조리, 판매보다 주로 주류와 안주를 위주로 판매하는 소주방, 호프집 등 주로 야간에 영업을 하는 업소 같은 경우 청소년을 아르바이트생으로 고용하면 위법사항이 된다.

5장

알아 두면
좋은
보너스 Tip

계절에 맞는
메뉴를 개발하라

음식점은 보통 뜨거운 음식과 차가운 음식으로 나누어져 있어 겨울에 잘되는 식당과 여름에 잘되는 식당이 있다.

내가 운영하는 식당은 콩나물국밥집이다 보니 추운 겨울 날씨에 잘되는 편에 속해 날씨가 쌀쌀해지는 가을철부터 사람들이 많이 들어서기 시작한다. 반면 여름철이 되면 확실히 성수기보다는 손님이 뜸해지는 편이다.

그렇다고 비수기에 장사를 하지 않을 순 없다. 나는 비수기인 여름에도 손님이 오도록 하기 위해 계절에 맞는 음식을 개발하여 운영을 하고 있다.

겨울이 지나고 나면 비빔밥을 만들어 판매하고, 여름에는 냉면을, 가을의 문턱에 서면 지역에서 생산되는 송이버섯을 이용하여 송이국밥을 만든다.

비수기라고 해서 있는 직원들을 내보내는 것은 좋지 않다. 몇 개월 후 성수기가 돌아올 때 다시 직원을 구해야 하고, 그때 채용한 직원이 지금까지 함께해 온 직원보다 일을 잘할 수 있다는 보장이 없기 때문이다. 따라서 오너는 항상 비수기에 대비한 메뉴 개발을 해야 한다.

나는 지금 5년 동안 식당을 운영하고 있지만 우리 식당에서 7개월 이상을 근무한 직원들 중 (스스로 그만둔 경우를 제외하고) 내가 그만두게 하여 나간 이들은 하나도 없다. 7개월 이상 함께 일할 수 있는 직원은 나름대로 열심히 일한 직원이다. 개인적인 일로 가게에 불편을 주더라도 퇴직금을 받을 때까지는 꼭 일을 시키고 퇴직금을 손에 들고 그만둘 수 있도록 배려를 하고 있다. 직원들과 다툼이 있어도 서로 퇴직금을 받을 때까지 만이라도 함께하자고 설득한다.

왜 그러는가? 내가 정말 정말 힘들었던 과거를 생각하면 이들을 그냥 내보낼 수가 없기 때문이다. 사방이 꽉 막히고 더 이상 삶에 희망도 구원도 없을 거라 느껴졌던 혹독한 추위를 기억하고 있기 때문에 나와 같은 처지에 놓일지도 모른다는 생각이 들면 아득해져 이들을 버릴 수가 없다. 아마 앞으로도 평생 그럴 것이다. 크지는 않지만 내가 직원들을 위해 해 줄 수 있는 자그마한 성의라고 생각하고 계속 이어 나가려고 한다.

또한 직원들과 의논을 해 가며 맛을 연구하라. 그렇다고 메뉴 개발을 지나치게 어렵게 생각할 필요는 없다. 새로운 메뉴를 개발해서 주문을 받아 보고 반응이 없으면 빨리 그 메뉴를 지우고, 반응이 좋아 주문이 많다면 개발에 성공한 것으로 보고 지속적으로 판매를 하면 된다. 메뉴 개발 시 자신이 살고 있는 지역에서 선호하는 맛이 무엇인지 고려하는 것도 좋겠다.

자신을 가지고 꾸준하게 메뉴개발을 하도록 노력해 보라.

▎계절메뉴

비수기에는
공격적인 운영을 하라

　비수기 때 어떻게 하면 매출을 늘릴 수 있을까 고심하다가 주메뉴는 그대로 두고 새로운 메뉴를 개발하여 싼값에 판매하기로 한 전략에 대해 설명해 보기로 한다.

　물론 체인점은 보통 회사에서 개발해 준 메뉴만 판매하도록 하고 있으나, 준메이커는 규제가 심하지 않은 경우가 있다. 특히 우리 회사는 점주들이 매출을 올리기 위한 방법이나 비수기를 견디기 위한 메뉴 추가를 눈감아 주고 있다. 그래서 유명 메이커 체인점보다 많이 알려져 있지 않은 준메이커가 창업에 유리할 수 있다고 말하는 것이다.

　그러한 배경을 바탕으로 시험 삼아 신메뉴를 시도해 보기로 하여 여름에 냉면을 내놓았다. 결과는? 매우 성공적이었다. 여름에도 손님이 몰려 성수기 못지않은 비수기를 보낼 수 있었다.

메뉴 개발을 할 때는 신중하게 하라. 재차 말하지만 맛이 없이 만들어진 음식을 싼 가격에 판매하면 오히려 식당의 이미지만 하락하여 주 메뉴인 콩나물 국밥의 수요까지 타격을 입을 수 있기 때문에 좋지 않다.

장사는 맛도 중요하지만 마케팅 역시 중요하다. 많은 돈이 들지만 돈이 든 만큼 효과가 확실한 것이 마케팅이다. 나는 장사를 시작한 지 일 년이 좀 지났을 때 전 동네에 '개업 2주년 기념잔치!! 냉면 6,000원 → 4,000원 0월 0일까지'라고 쓰인 현수막을 걸어 공격적인 영업을 펼쳤다. 그리고 아주 만족스러운 성과를 거두어 여름 비수기에 성수기만큼의 매출을 올리게 되었다.

일단 가격으로 승부를 보겠다고 생각했으면 확실히 가격을 내려라. 6,000원짜리를 5,000원 받는다고 하면 큰 호응을 얻지 못하지만, 통 크게 4,000원으로 내려서 팔면 손님들이 몰리게 된다.

그렇게 한번 과감하게 도전을 해 보면 피부로 체감이 될 것이다.

장사는 이처럼 끊임없이 연구하고 개발하여 머리를 굴려야 한다. 가만히 앉아만 있으면 이끼가 낀다. 잘나가던 식당이 어느새 손님이 줄고 줄어 문을 닫고 마는 경우가 있다. 안일한 마음이 불러온 비극이다. 항상 기본 음식은 맛을 유지하며 잘 갖추되, 이 외에 또 손님을 끌어들일 만한 아이템이 없는지 신경을 써야 한다.

이에는 인테리어 등 음식 외적인 것도 포함이 된다. 가게를 넓

한다든가 실내 장식을 좀 더 예쁘고 깨끗하게 바꾼다든가 하는 것도 고려해 봄직한 방법이다.

▌여름 메뉴

홍보비용을
아끼지 말라

많은 사람들이 홍보를 많이 하고 싶어 하지만 현실적으로 큰 돈을 써 가면서 홍보하기란 쉽지가 않다.

그러나 마케팅의 경우, 비용이 많이 들수록 효과는 확실히 보장된다.

내가 운영하고 있는 가게들은 매월 시, 군 전체에 많은 수량의 현수막을 걸고 있다. 계절에 따라 신메뉴가 나올 때도 무조건 다시 현수막을 걸고 홍보를 한다.

처음에는 당장 효과가 눈에 보이지 않았다. 하지만 시간이 지나면서 차츰 많은 고객들에게 눈도장이 찍히고 전주명가콩나물국밥이라는 상호가 알려지게 되었다. 그렇게 인지도가 올라가면서 손님들이 많이 찾게 되었고, 지역에서 맛집으로 알려지기 시

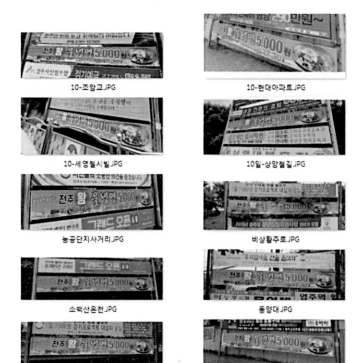

10-조암교.JPG

10-현대아파트.JPG

10-세영철시빌.JPG

10일-상망철길.JPG

능공단지사거리.JPG

비상활주로.JPG

소백산온천.JPG

동양대.JPG

풍기읍사무소.JPG

풍기파출소.JPG

▌현수막들

작하여 지금의 국밥집이 되었다.

　오픈한 지가 몇 년이 되었지만 아직도 시내 많은 곳에서 다양한 문구가 쓰인 우리 상호의 현수막을 볼 수 있다. 잊히지 않으려면 끊임없이 손님들의 시야에 상호가 맴돌고 있어야 한다고 생각해서 늘 그렇게 한다. 또 새로이 이사 오는 사람들도 잠재적 고객으로 보기 때문에 앞으로도 계속 '전주명가콩나물국밥'의 이름은 곳곳에 걸려 있을 것이다.

처음에는 경제적인 면에서 많은 지출이 힘들겠지만, 나의 가게를 많은 고객들에게 알려야 한다고 생각하고 실천하면 든든할 것이다.

우리는 한 지역에 보통 30장 이상의 현수막을 걸어야 하므로 영주, 안동만 한 번에 60장 이상의 현수막이 걸리고 있다. 많은 비용이 홍보비로 지출되고 있는 편이다.

마케팅은 지속적으로 오랜 기간 실행해야 효과가 있다. 대부분의 사람들은 특별히 마음에 두고 있는 욕구가 없는 한 처음 접하는 광고에 무관심하다. 그러나 그 광고가 계속 눈에 띄고 반복되면 서서히 관심을 가진다. 그러다가 "한번 가볼까?" 하는 마음이 들면 그때 움직이게 된다. 그러므로 인내심을 가지고 기다리길 바란다. 물론 그렇게 온 손님을 꽉 붙잡아 둘 수 있게 완벽한 음식을 내놓을 수 있도록 평상시에 늘 최고의 맛을 유지하도록 하자.

똑같은 메뉴로 더 많이
판매할 수 있도록 연구, 노력하라

보통 체인점은 기본 메뉴가 정해져 있어 점주들은 그냥 본사에서 시키는 대로 음식을 판매만 하는 경우가 대부분이나, 우리 전주명가콩나물국밥 본사에서는 기존 메뉴를 많이 판매하기 위해 메뉴를 개발하는 행위는 허용하고 있다.

현장에서 손님들을 상대하다 보면, 조금만 신경을 쓰면 더 많이 판매할 수 있는 음식이 눈에 띄게 된다.

한 가지 예를 들어 보자. 우리 식당에는 족발부추무침이라는 술안주 메뉴가 있다. 가격이 12,000원인데 처음엔 회사에서 시키는 그대로 판매하다가 (대)12,000원, (소)7,000원으로 나누어 판매해 본 결과 예상을 뛰어넘는 폭발적인 인기를 끌게 되었다. 12,000원일 때는 세 사람 이상이어야 부담 없이 먹을 수 있었으

┃ 가격을 나눈 족발부추무침 메뉴

나, 7,000원짜리는 두 사람이 먹기에도 좋고, 혼자 오는 손님도
소주 1병에 안주 한 접시를 시키는 식으로 주문을 하니 금상첨화
였다. 그렇다 보니 몇 배나 더 많이 판매되는 것이다. 메뉴를 개
발한 것도 아니고 있는 공급방식에 조금 신경을 쓴 것뿐인데 대
박이 난 셈이다. 덕분에 많은 도움이 되었고 수익 구조 또한 훨씬

나아졌다.

이것은 내가 생각한 다른 예지만 세트메뉴를 판매하는 것도 이와 비슷한 맥락이다. 만일 국밥 한 그릇이 4,000원이고 왕만두 네 개도 4,000원이라면 국밥+왕만두 2개에 6,000원 하는 식으로 판매하는 것은 어떨까? 방법은 무궁무진하다.

이렇게 어떤 식으로 장사를 해야 더 좋을지 늘 궁리하는 삶을 살길 바란다. 사소한 것을 지나치지 않고 꾸준히 관찰하는 습관을 기르도록 하라. 번뜩이는 아이디어가 의외로 소박한 관찰에서 시작되는 일이 많다.

관찰을 잘하는 방법은 다음과 같다.

1. 당연하다고 생각하지 말고 의문을 가져라

"이건 원래 이랬으니까 어쩔 수 없어."라는 말을 하지 말고 주의 깊게 해당 사항을 관찰하라. "꼭 이래야만 할까?" "더 나은 방법은 없을까?" 하는 생각을 해야 한다. 사소한 것에 의문을 품는 것에서부터 더 나은 해결책이 떠오르고 이를 통해 혁신적인 바꿈이 일어난다.

2. 실수나 실패를 그냥 지나치지 말라

"에잇, 이번엔 망했네." 하고 그만두지 말아라. 실패한 사실에 있어서는 깔끔히 인정하되 정말 이것이 최선이었는지, 실수의 원인은 무엇이고 실패의 요인은 무엇이었는지 탐구하라. 발전하길 원한다면 '실패 데이터베이스'에서 개선책을 찾아내야만 한다. 같은 실수를 반복하지 않으려면 어떻게 해야 할까? 흔히 '틀린 문제 또 틀린다'고 한다. 실패 후 그것을 유심히 들여다보지 않은 탓이다. 그런 일이 발생하지 않으려면 실수하고 실패했을 때 원인분석을 철저히 하도록 하자. 거기서 의외로 성공의 실마리가 떠오를 수 있다.

3. 계속 새로운 것을 접하라

지식에 한계가 있으면 새로운 아이디어가 떠오를 리 없다. 현실에 안주하고 싶지 않다면 여러 모로 자신의 상식과 지식을 넓혀 가야 한다. 신문과 책을 읽으라. 사회가 어떻게 돌아가는지 살펴라. 스스로 선구자가 될 수도 있다. 성공하고 싶다면 지식을 멀리 해서는 안 된다. 머리에 기름칠을 한다는 생각으로 배우고 탐독하다 보면 어느 순간 비상한 아이디어가 떠오를 것이다.

4. 호기심을 키워라

물론 이 모든 것의 저변에는 '사물에 대한 호기심'이 바탕으로 깔려 있다. 당연한 것을 당연한 것으로 받아들이지 않고 끊임없이 질문하고 탐구하며, 지식에 대해 갈증이 있고 삶을 새로운 시각에서 들여다보고자 하는 욕망 말이다. 평상시에도 문득 떠오

르는 궁금증이 있으면 스마트폰을 키고 찾아보는 것도 좋은 방법
이다. 호기심을 만족시키고자 하는 마음은 곧 지식의 추구로 이
어지고 지식의 추구는 새로운 것의 발견으로 이어지기 때문이다.
모든 것을 떠나서, 아무것도 궁금하지 않은 사람의 삶은 얼마나
지루하겠는가?

이와 같이 그저 '관찰을 하고자 하는 마음'만 있어도 의외로 쉽
게 새로운 아이디어가 떠오를 수 있다. 중요한 것은 의지이다. 장
사를 하면서도 이것저것 궁리를 해 보라. 시행착오를 겪어 보라.
그러면서 점점 알아 가는 게 많아질 것이다. 기회를 잡는 것은 당
신에게 달려 있다.

식권을 만들어
판매하라

우리가 운영하고 있는 매장에서는 식권을 만들어 판매하고 있다. 손님들의 편의를 위해서이기도 하지만 여러 가지로 도움이 된다고 생각하기 때문이다.

자주 오시는 손님들 중에는 매번 국밥 한 그릇을 드시고 카드를 사용할 때 민망해하시는 분들이 있다. 아무래도 4,300원밖에 안 하는데 남는 것이 없을 거라 생각하시는 모양이다. 또 회사에서 일하다 단체로 온 손님들의 경우, 꼭 회사 결재 카드를 소지한 사람이 있어야만 식사비를 낼 수 있다. 그 한 사람이 빠지게 되면 나머지 다수의 인원도 오지 않게 된다. 이런 일이 쌓이면 다시 발걸음을 하지 않을 수도 있다고 생각한다. 때문에 차라리 한꺼번에 식권을 구입할 수 있게 하면 어떨까 아이디어를 냈다. 직장인

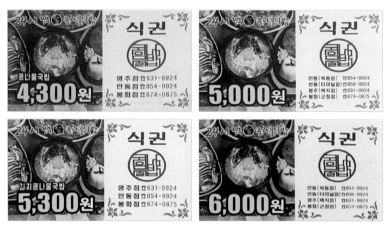

의 경우 전체 구입한 식권을 한 장씩 손에 쥐고 올 수 있고, 싼 가격을 카드로 지불할 때 생기는 손님의 부담 역시 덜게 되니 누이 좋고 매부 좋지 않을까 했다. 물론 이왕 식권을 샀으니 식권을 쓰기 위해서라도 더 자주 오게 되는 효과도 노렸다.

결과는 성공적이었다. 많은 손님들이 식권을 구매했고 정확하게 매출이 몇 퍼센트가 늘어났는지 기록해 보진 못했지만 10%이상의 손님들이 식권을 사용하고 있다고 본다.

하나 더, 우리 매장은 10매를 구입할 시 11매를 준다. 언뜻 업주가 손해를 보는 것같이 느껴지겠지만 장기적으로 봤을 때 그럴 일은 없다. 일단 식권을 사 두면 다른 곳에서 식사할까 하다가도 이곳으로 오게 된다. 일주일에 한 번만 오는 손님이 두세 번 더 오는 것이다. 또 이렇게 식권 한 장 한 장을 많은 사람들이 사고 있고 보관하고 있다는 것만으로도 홍보 효과가 크다. 얼마나 맛있길래 식권을 가지고 다닐까 궁금해진다.

장사가 어느 정도 궤도에 올랐다고 생각하면 식권을 만들어 운영해 보는 것도 좋은 방법이다. 요즘도 식권을 사용하고 있는 손님이 무척 많이 늘어나고 있다. 그래서 지금은 식권 판매 안내 문구를 식당 출입구에 붙여 놓고 많은 홍보를 하고 있다.

화환(꽃) 값을
아끼지 말라

나는 작은 식당 몇 곳을 운영하고 있지만 다른 곳에 비하여 홍보비를 많이 쓰고 있는 편이다.

주기적으로 현수막을 이용하여 홍보도 하고 있지만 지인들의 경조사 때 보내는 꽃값을 아끼지 않고 있다.

잠깐 알고 지냈던 지인, 심지어 점포 수리를 할 때 공사를 해 주시던 분이나 작은 거래처 쪽 분이든 경조사가 있음을 알게 되면 무조건 화환을 보낸다.

이것은 그냥 인사치레가 아니다. 우리 점포를 홍보할 수 있는 기회인 데다가 그 효과가 가장 크기 때문이다.

결혼식이나 장례식장에는 수백 명의 손님들이 온다. 때문에 식장 앞에 전주명가콩나물국밥이라는 상호만 있어도 눈도장을 찍을 수 있다. 화환을 받는 지인들도 너무너무 고마워할 뿐 아니라 그분들의 친인척들도 '내 친척이 전주콩나물국밥집 사장과 잘 알고 지내는 사이구나'라고 여겨 이왕이면 한 번이라도 여기로 식사하러 가야겠다고 생각하고 손님으로 오게 된다. 여기는 지방이라서 어디에 무슨 가게가 있는지 모두가 잘 알고 있다. 많은 사람들이 어디를 가든 우리 콩나물국밥집 화환이 있더라고 좋은 이야기를 퍼뜨려 준다. 작은 꽃 하나가 홍보는 물론 지인들에게도 큰 감동을 줄 수 있다.

그렇게 친하지도 않은 사람이지만 화환을 받게 되면 기분이 어떨까? 당연히 너무 고마워할 것이다. 화환을 보냈다고 싫어할 사람은 없다. 더군다나 이렇게 그 사람의 동생, 자식, 친지들에게도 좋은 인상을 심어 줄 수 있는 것이다.

화환 한 개가 그 집안의 친인척 수십 명은 물론 그곳을 다녀가는 많은 사람들에게 홍보가 되니 현수막 몇 개를 거는 것보다 비용은 저렴하면서도 홍보 효과는 배가 된다. 그러니 화환 값을 아끼지 말길 바란다.

▮화환들

식당의 대표 메뉴를
자신 있게 설명하라

　손님이 식당에 들어오면 어떤 메뉴를 고를지 잠시 망설이기도
한다. 메뉴판을 봐도 잘 모르겠으면 직원에게 묻게 된다.

　"이 집은 뭘 잘하죠? 뭐가 제일 맛있나요?"

　이때 손님은 정직하게 직원이 추천하는 메뉴를 먹고 싶은 것
이다.

　그런데 대다수의 직원들은 잠시 망설이다 "다 맛있어요."라거
나 "다 괜찮아요!"라고 한다. 하나만 찍어 주었다가 손님 맘에 안
들까 봐 걱정해서 그럴 수도 있고 추천하지 않는 메뉴는 맛이 없
는 메뉴라고 인식될까 봐 그럴 수도 있다. 그래서 책임을 지지 않
고 빠질 수 있도록 얼렁뚱땅 넘어가려는 것이다.

　그러나 이것은 잘못된 대답이다. 하나마나한 대답이다. 직원

의 의도와 달리 '특별히 자신 있는 메뉴가 없나 보지' 하고 인식이 된다. 손님에게 권할 만한 특별한 메뉴가 없다는 의미로 비춰질 수 있다. 취업 면접을 볼 때 자신감이 부족해 보이면 실력에 의구심을 품게 되는 것과 똑같다.

우리 식당은 계절에 따라 한 개의 메뉴 옆에 '추천메뉴'라고 눈에 띄게 표시를 해 놓고 직원들에게도 자신 있게 손님에게 메뉴를 권하고 설명도 할 수 있도록 하고 있다. 그렇게 하면 손님이 신뢰감이 생긴다. 얼마나 맛있는지 궁금해지고, 직원의 자신감이 느껴져 기대를 품게 된다. 먹고 나서 말 그대로라고 생각되면 당연히 다음에 또 올 것이다.

식당은 맛도 중요하지만 개성이 있어야 하며 마케팅 또한 필요하다. 주력 메뉴에 신경을 쏟고 적극 홍보하면 매출신장에 많은 도움을 가져올 것이다.

명절 연휴기간에도
가게 문을 닫지 말라

보통의 가게들은 명절 연휴기간 동안 문을 닫는 경우가 대부분이지만 우리는 가능하면 365일 가게를 열어 놓으려고 한다.

명절에 문을 닫는 이유를 들자면 첫째가 일할 직원들이 없다는 것이고 둘째가 손님이 있을까 걱정되기 때문일 것이다.

두 가지 모두 걱정할 필요 없다.

먼저 하나 이야기하자면 우리 가게가 연휴에도 문을 닫지 않는 이유는 물론 운영에 이익이 있어서이기도 하지만, 우리 식당이 365일 어느 때 가도 문이 열려 있다는 이미지를 고수하고 싶기 때문이기도 하다. 손님에게 '이곳은 언제 어느 때 와도 맛있는 국밥을 먹을 수 있는 집'이라는 이미지를 주고 싶다. 이는 매우 긍정적인 이미지이기 때문에 손님의 머릿속에 좋게 각인된다. 다

른 사람에게도 우리 식당을 추천하고 본인도 자주 오는 단골손님
이 되는 등 식당 주인으로서는 무엇과도 바꿀 수 없는 값진 재산
이 된다. 이렇게 식당마다 '자신만의 트레이드마크, 자신만의 이
미지'를 하나 만들어 보길 바란다. 한마디로 '컨셉'을 잡아 보라는
말이다. '우리 식당' 하면 딱 떠오르는 느낌을 잘 잡아야 한다. '그
집은 좀 허름하다, 손님이 없다, 썰렁하다, 주인장 표정이 좋지
않다' 이런 느낌을 주게 되면 안 된다.

'그 집은 언제 가도 손님이 있고, 사장님과 직원들도 친절하며,
여름엔 시원하고 겨울엔 따뜻하다, 분위기 또한 좋다' 이런 느낌
을 줄 수 있도록 해야 한다. 어떻게 하면 그런 이미지를 줄 수 있
는지 잘 생각해 보길 바란다.

다시 본론으로 돌아와서 일할 직원이 없을 거라는 생각을 바
꾸는 법을 말하겠다. 간단하다. 명절 연휴 기간에 일당을 더 주
면 된다. 우리 식당은 명절 때는 하루에 이틀분의 일당을 지급하
고 있다. 그러니 모든 직원들이 가능하면 근무를 한다고 한다. 심
지어는 사위와 딸들이 고향에 온다고 전화가 와도 연휴 기간 동
안 돈 벌어야 하니 다음 주에 오라고 하기도 한다. 만약 하루분의
일당만을 준다면 무슨 핑계를 대서라도 나오지 않으려고 할 것이
다. 즉 기회비용을 높게 책정해야 하는 것이다. '연휴 때 쉬는 것
보다 나와서 돈을 더 받는 게 낫다'는 마음이 드는 직원이 꼭 있
다. 몇몇 쉬는 것을 택할 직원이 있을 수 있어도 반드시 어떤 직

원은 나오겠다고 할 것이다.

또한 명절 때는 외지에서 오는 손님들이 많다. 친척들이 모여 외식을 하고자 하는데 문 열린 곳을 찾기 힘들어 한참 찾아다니며 빙빙 도는 경우가 흔히 있었을 것이다. 이때 문이 열린 곳이 한 군데뿐이면 당연히 그곳으로 가게 된다. 생각보다 연휴에 식당을 찾는 사람이 많다. 그러니 손해를 볼 거라는 생각은 하지 말고 가게를 여는 편이 도움이 된다.

이틀분의 일당을 줘서라도 문을 열 수만 있으면 이익이니 인건비를 아끼지 말길 바란다.

▌명절 상여금

단골손님에게
관심을

콩나물 해장국을 판매하는 식당이다 보니 거의 매일 아침 운동을 마치고 흘린 땀을 보충할 겸 찾아오는 손님들이 많다. 아침 운동 후 먹는 따뜻한 콩나물 국밥이 아주 시원하기 때문이다. 약간 차가운 새벽바람이 감돌 무렵, 운동으로 달아오른 몸이 서서히 식어가며 이마에 땀방울이 맺힌 손님들이 식당 문을 열고 경쾌하게 들어오신다.

"어서 오세요~!"

간단하게 콩나물 국밥을 주문하고, 나오자마자 후루룩거리며 맛있게 드시는 모습을 보면 내 자식들을 먹여 살리는 것처럼 뿌듯하다.

"잘 먹었다!"

그렇게 한 그릇이 비워지면 내 안의 묵은 짐들도 쑤욱 빠지는 기분이다.

많은 분들이 운동복을 입고 가게 문을 열고 들어와 인사를 한다. 그중 자주 오시는 부부 손님이 있다. 남편과 부인 모두 운동을 끝낸 후 들어오실 때 약간 상기된 채 미소를 짓는 얼굴이 건강해 보이는 분들이다. 우리 국밥을 아주 맛있어하셔서 늘 나를 기분 좋게 해 주신다.

그런데, 어찌 된 일인지 며칠 동안 그분들의 모습이 보이지 않는다. 가끔 가다 오시는 분들이라면 그러려니 하였을 텐데, 거의 매일 방문하시는 분들이라 의아함이 일었다. 약간 걱정이 되기도 했다. '무슨 일이 생긴 건 아닐까?' 익숙해져 있던 일상에 살짝 불안이 깃들었다. 단골손님은 정말 며칠 동안 보이지 않으면 무슨 일일까 온갖 생각이 난다.

그래도 오지랖이겠거니, 설마 별일이야 있을까 하며 불안을 누그러뜨리려 하였는데, 걱정했던 것이 기우가 아님이 밝혀졌다.

"그분들이요? 얼마 전에 교통사고가 나서 지금 병원에 입원해 있어요."

혹시나 하여 그분들 지인에게 물어본 결과 이런 말을 하는 것이 아닌가? 소식을 듣자마자 철렁했다. 얼마나 교통사고가 크게 났길래 입원까지 한 것일까? 얼마나 다친 것일까? 사고가 나서 좋아하는 운동도 하지 못하고, 병원에 갇혀서 생업활동도 못할 것을 생각하니 내 일처럼 안타까웠다.

"어쩌면 좋아요. 크게 다치셨답니까?"

발을 동동 굴렀지만 내 선에서 할 수 있는 일이 없었다.

그저 국밥을 만들어 주는 식당 주인일 뿐이지만, 매일 보던 그들이 친우처럼 느껴져 걱정이 머리에서 떠나지를 않았다.

어떻게든 그분들에게 좋은 일을 해 주고 싶었다. 스트레스도 많을 텐데 그 스트레스를 조금이라도 풀어 주고 싶었다.

직접 찾아가 뵙지는 못했지만 지인을 통해 콩나물 국밥과 만두를 좀 전달해 달라고 부탁을 하였다. 따스한 콩나물 국밥과 만두를 먹으면서 다친 곳도 낫게 되고 다시 즐겁게 운동을 할 생각을 하시면서 즐겁게 지내기를 바란다고 덧붙였다.

"부담 갖지 말고 맛있게 드시길 바란다. 꼭 쾌차하라."

지인은 대신 감사의 인사를 전하며 꼭 전달해 드리겠다고 하셨다.

부디 국밥이 그들의 피와 살에 생기를 불어넣어 주기를….

그렇게 다시 며칠이 흐르고, 여느 날처럼 새벽에 열심히 손님들께 식사를 제공하던 중이었다. 문이 열리고 찬 바람이 들어온다.

"어서 오십시오~!"

"사장님, 안녕하세요!"

그 두 분이 아닌가!

병원에서 마침내 퇴원을 하고 찾아오신 것이다. 그것도 무척 건강한 모습으로.

"어서 오세요! 아픈 곳은 없으십니까? 이제 괜찮으세요?"

"괜찮습니다. 사장님, 병원 밥이 정말 지겨웠는데, 콩나물 국밥이랑 만두를 먹으면서 너무 맛있었어요. 누가 손님에게 이렇게까지 신경을 씁니까. 정말 감사합니다."

나는 단골손님에게 마땅한 대접을 한 것뿐인데 너무 고마워하신다. 살짝 눈물이 돌았다. 별것도 아닌 작은 관심이었을 뿐인데….

이분들은 우리 콩나물 국밥집의 영원한 단골손님으로 지금도 주욱 뵙고 있다. 항상 아침에 뵙는 그들을 보며 나 역시 마음의 운동을 한 것처럼 온몸에 따듯한 피가 돈다. 앞으로도 맛있는 국밥, 많이 만들어 드리겠습니다. 그저 건강하세요.

사람에게 진심으로 대하니 내가 행복해진다. 그런 생각으로 일하니 즐거울 따름이다.

6장

인생에도 철학을 가져야 한다

결국엔
사람이 답이다

내가 일을 하면서 느끼게 된 것은 사람이 전부라는 것이다.

사람이 없이는 아무것도 이루어지지 않는다. 돈과 명예, 권력 모든 것이 사람을 기반으로 이루어진다.

그리고 궁극적으로는 사람이 모든 것 위에 있다. 마지막 순간에는 사람을 제외한 물질적이고 세속적인 것을 버려야 한다. 옛 선인이나 현시대의 존경받는 위인들이 기부를 많이 하는 이유가 단지 홍보 효과나 세금 절감을 위해서일까? 나는 아니라고 본다. 그들은 알고 있는 것이다. 인간은 자신만을 위해 살아갈 수 없다는 걸….

모든 종교에서도 이웃에게 베풀고 나눌 때만이 진정한 의식의 상승이 이루어진다고 보고 있다.

아무리 많은 돈이 있어도 곁에 사람이 없다면 얼마나 허망할까? 돈이 있음은 결국 행복하기 위해서인데 주객전도가 되어도 그것을 눈치채지 못하고 무작정 달리는 사람들이 있다. 행복해야 한다. 행복이 1순위다. 그래서 일하는 것이 즐거운 직장을 찾으라고 많은 강연가들이 외치는 것이다. 행복하면 일이 즐겁고 돈이 들어오고 다시 즐거워진다.

옛날 조선시대에서는 부패한 관리가 적발되면 그를 외진 곳에만 머무르게 하면서 어느 누구와도 말을 섞지 못하고 투명인간처럼 살게 했다고 한다. 이를 팽형이라 하는데, 가마솥 안에 삶아 죽인다는 의미를 담고 있다. 하지만 실제로 물을 붓지 않고 불도 지피는 시늉만 했다. 형식적인 형 집행이 끝나면 실제 사람이 죽은 것처럼 장례를 치르고 집으로 돌아가면 바깥출입은 할 수 없고 손님도 맞을 수 없다. 죽은 사람처럼 은둔한 채 평생을 살아야 하는 팽형, 가장 가혹한 형벌인 셈이다.

이러한 엄벌이 의미심장하게 다가온다. 돈을 쫓다가 모든 것을 구성하는 사람을 잃은 것에서 우리는 무엇을 보아야 할까.

그래서 나는 돈을 쫓지 말고 사람을 쫓으라고 말하고 싶다.

사람에게 아양을 떨거나 아첨을 하라는 말이 아니다. 그건 내가 하는 말의 정반대이다. 사람을 수단으로 보는 것이기 때문이다. 그래선 안 된다. 사람은 언제나 목적이 되어야 한다. 어렵다고 생각하지 말고, 그냥 늘 이웃을 배려하고 내가 하는 일이 내일 지구가 멸망해도 하나의 사과나무를 심는 일이 되기를 바라며, 속이거나 싸우지 않고 정직하고 성실하게, 열정적으로 살아가는 것이 내일을 만드는 힘이라고 나는 믿고 있다. 내가 하는 일, 내가 목표로 삼는 일이 사람을 위한 일이 되었을 때 돈은 자연스레 보상으로 따라온다고 생각한다. 너무 안이한 이상주의적인 말이라고 여길 수도 있다. 사실 해 보지 않으면 모른다. 하지만 나는 적극적으로 모든 손님을 대할 때 최선을 다하였고 직원에게도 내 마음이 전해지도록 물심양면으로 애써 왔다. 아직도 많이 부족하고 더 주고 싶은 심정이지만 하나도 아깝지가 않다. 그들이 내게 보답한 것이 정말 정말 많기 때문이다.

나는 어린 시절부터 글쓰기를 좋아하여 지금도 친구들과 편지를 주고받은 것을 가지고 있다. 어쩌면 나는 내 글을 통해 소통하는 것 자체를 즐겨왔는지도 모른다. 내가 정이 많은 사람인가 보다. 그래서 다행이다. 너무 피도 눈물도 없는 냉혹한 사업가(?)는 아니라서….

직원들이 단순히 맛있는 먹을거리를 처리하지도 못할 만큼 가져와 내 품에 안겨주었을 때만 눈물이 흐른 것은 아니었다. 진정으로 일터에 나오기를 즐거워하는 모습, 당당히 우리 회사의 유니폼을 입는 모습, 미소 지으며 일하고 손님들에게는 쾌활하게 응대하고 몸은 고되어도 주방일을 열심히 하는 그들의 얼굴이 고통스러워 보이지 않았다는 점이 내겐 가장 큰 감동이다. 목표를 향해 구슬땀을 흘리며 열심히 일하는 그들의 모습을 보면 대자연을 뛰어다니는 야생마와 같은 열정이 느껴진다. 어느 누가 다들 지치고 힘없고 빨리 퇴근이나 하고 싶어 하는 직장에서 일하는 직원들을 보고 힘이 나겠나. 내게 있어 우리 직원들은 보기만 해도 힐링이 되는 자양강장제인 셈이다. 그들이 일하는 모습을 보면 나도 힘이 솟고 더 많은 것을 해 줘야지, 더 열심히 이루어야지 하는 생각이 절로 들게 된다. 직원들은 나의 추진력 그 자체가 되는 것이다.

그리고 이 못난 사장을 진심으로 대해 주며 웃고 마음을 써 주는 그들의 비단결 같은 마음씀씀이 또한 내겐 정말 값진 재산이다. 이러니 내가 더 주지 않을 수가 없다. 나는 천군만마를 얻은 행운아다. 늘 고맙고 항상 행복하다. 직원들도 그렇기를 진심으로 바란다.

회사는 결코 리더 한 사람만의 역량으로 굴러갈 수 없다. 협업하고 협동하고 서로 장단점을 주고받으며 노력할 때 허점도 보이

고 새롭게 깨달아 가며 지혜도 쌓이고 일도 이루어진다. 왜 기업에서 매주 월요일 아침 직원회의를 열겠나? 필요하기 때문이다. 비록 형식뿐인 회의가 고역이라고 말하는 사람도 있지만… 나는 적어도 우리 직원들과 매달 회의를 할 때는 적극적으로 모두의 의견이 테이블 위에 놓이기를 바라고 있다. 한 사람도 빠짐 없이 자신의 의견이 소중하다는 것을 믿고 대화를 하며, 매출신장을 이루어 내기 위해 최선을 다하고 만족감과 성취감도 달성되는 그런 조화를 이루고 싶다. 그러기 위해서 맛있는 다과도 내놓고 허물없이 말할 수 있는 분위기를 조성하려고 노력한다.

콩나물국밥집을 운영하면서 늘 평탄한 길만 있었던 것은 아니다. 불화로 인해 떠나간 직원도 있었고 의사소통이 잘 안 되었던 경우도 있다. 이 자리에서 다 말하지는 못하지만 나름 시행착오를 겪었다고 생각한다. 하지만 사업을 하는 입장에서 시행착오가 아예 없기를 바라는 것은 어불성설이다. 상승곡선이 있으면 하강곡선도 있고, 유지곡선도 있다. 실패를 두려워 말고 끈기 있게 밀어붙이면서 개선할 사항은 매의 눈으로 캐치하여 시정해 나가다 보면 어느새 다시 상승곡선이 올라가는 것을 볼 수 있을 것이다. 그러나 이 또한 인복인 법, 성실한 직원들이 없었다면 어떻게 이루어 낼 수 있었겠는가.

사람을 대할 때는 진심으로 대해야 하고 상대방의 눈을 정면으로 마주보면서 자신의 마음을 전하려고 노력해야 한다. 눈을 피하거나 내리까는 사람은 솔직하지 못한 인상을 준다.

또 사람을 하찮게 여기거나 헛되이 보지 말아야 한다. 사람들은 다 촉이 있어서 이 사람이 나를 어떻게 대하는지 안다. 처음에는 드러나지 않더라도 시간이 지나면 다 알게 된다.

무슨 일이 있어도 자신을 완전히 속이는 일은 절대로 불가능하다고 보면 된다.

사업을 하고 직원을 고용할 때 나는 항상 눈을 본다. 눈을 보면 이 사람이 어떤 사람인지 70~80% 정도는 감이 온다. 이 글을 읽는 독자도 첫인상이 좋은 사람과 나쁜 사람의 차이점을 눈을 통해서 구별한 경험이 있을 것이다.

눈이 흐린 사람, 초점이 맞지 않는 사람, 시선을 맞추지 못하는 사람은 자세히 살피는 게 좋다.

반면 행색이 초라해도 눈이 반짝반짝 빛나고, 또렷하며, 정면으로 상대방을 응시하는 사람은 한번 믿어보라.

그런 사람은 일에 있어서 열정이 있고 삶에 에너지가 남아 있는 사람이다. 지금 힘든 상황에 처해 있어도 다시 일어날 의지가 있고, 학력이 짧아도 지혜가 녹아들어가 있으며 씩씩한 사람일 가능성이 높다.

직원들을 고용할 때는 서로 화합하여 잘 어우러질 수 있는 사람을 뽑는 것이 좋다.

자신이 모든 걸 다 알고 있다고 생각하고 자신만의 방식을 고집하며 다른 이들을 통제하려는 사람은 문제를 일으킨다. 이런 사람들은 서로가 잘 되어야 좋은 것인데 자신만 잘되려고 하는 욕심이 자기도 모르게 밑바탕에 깔려있는 경우가 많다. 막무가내로 일을 추진해서 몇 번 원하는 것을 얻는 데 성공한 경우 더 자신의 방식만을 믿게 되어 이 길만이 목표를 성취하는 유일한 길이라고 생각하는지도 모른다. 그러다 보면 합리적인 선택을 하지 못하고 위협을 하거나 상대를 깔아뭉개는 방법으로 자신의 위치를 지키려고 한다. 당연히 말썽이 날 수밖에 없다.

똑같이 억척스러운 사람이라도 정이 있고 지혜가 있어 남을 배려할 줄 아는 사람은 위의 경우와는 다른 사람이다. 이 사람들은 인생 선배로서 '멘토'의 역할을 해줄 수 있는 사람이라고 본다. 이 둘을 구분하는 눈은 시간이 지나면 자연스레 길러질 것이다. 아무튼 작은 가게에서 비교적 싼 가격의 음식을 팔고 있는 콩나물국밥집에서 '협력'과 '상생'은 제1의 필수요소다. 이것이 주어지지 않는다면 천만관객(매출 1억 달성)은 요원하다. 그래서 나는 늘 직원들에게 감사하는 마음을 가지고 있다. 그들 덕에 기적을 이루어내었기에.

지금 저마다의 인생에서 힘겨운 싸움을 치르고 있는 모든 이들의 안녕을 빈다.

돈에도
독이 든 돈이 있다

나는 식당을 운영하면서 내 자신과의 작은 약속을 실천하고 있다.

식당에 매일매일 들어오는 현금 중에는 많은 사연이 있는 돈들이 있을 것이라 생각된다. 도둑들의 돈도 있고 사기꾼들의 돈도 있을 것이다. 그러나 거기에는 아무 표시가 되어 있지 않다.

그러나 분명 좋지 않은 기운을 가진 돈들이 있고 그중에서도 독이 든 돈이 있을 것이라 생각한다. 그렇기 때문에 그 돈들 모두를 내 것으로 생각한다면 그 나쁜 기운이 내게 영향을 미쳐 몸을 아프게 하거나 자식들을 잘못되게 할 수 있고 내 손을 빠져나가 다른 곳으로 갈 수도 있겠다는 생각에 미쳤다.

물도 고여 있으면 썩어 가게 되듯이 돈도 너무 욕심을 부리면

해를 입힐 수 있다고 생각하면서부터 나는 매일 들어오는 현금 중 일부분은 독이 든 돈이라고 생각하고 좋은 일에 쓰려고 작은 실천을 하고 있다.

어려운 환경에 처해 있는 시설단체에 매월 조금씩 기부를 하고 고향 어르신께는 매년 잔치를 열어 따뜻한 식사라도 대접하고 있으며 동창회나 친인척 모임 등 작은 모임 하나에도 작게라도 성의 표시를 하고 있다.

어쩌면 이런 작은 실천들이 이렇게 건강한 모습으로 살 수 있는 오늘을 만들어 낼 수 있었지 않았을까 생각하고 싶을 뿐이다.

"돈은 똥이다. 쌓이면 악취를 풍기지만, 뿌리면 거름이 된다."

강원도 정선에 살던 꼬부랑 할머니 '이인옥'님의 말이다. 이분

┃시골잔치

은 평생 나눔을 실천하면서 살아오신 분으로 기초 생활 수급비마저도 모아서 장학금으로 기부하셨던 분이시다. 이분의 말씀에 돈의 속성이 담겨 있다고 나는 생각한다. 돈을 움켜쥐고만 있으면 돈이 들어오지 않는다.

사해, 다른 말로 '죽음의 바다'에 대해서 들어 본 적이 있을 것이다. 이 바다는 다른 바닷물보다 몇 배나 많은 염분을 가지고 있어 전혀 생물체가 살 수 없다. 지구상의 모든 바다는 물이 들어오는 것과 나가는 곳이 있어 다른 바다로 흘러가도록 되어 있는데, 사해만은 흘러 들어오는 입구만 있을 뿐 나가는 출구가 없다. 흘러 들어오는 물이 나갈 수가 없으니 자연히 수증기로 증발될 수밖에 없으며, 그 결과 염분만이 축적되어 버린 것이다.

사해 바다를 통해서도 우리는 지나치게 많은 것을 얻으려는 마음이 결코 좋은 결과를 불러들일 수 없음을 알 수 있다. '고인물'은 빠져야 한다. 돈도 마찬가지다. 돈을 영어로 currency^(통화)라고도 한다. currency의 형용사형은 current이다. current에는 '통용되는'이라는 뜻이 있다. '물, 공기의 흐름'이라는 뜻도 있다. 돈은 흘러야 한다. 그것만이 우리가 돈을 가지고 행복하게 살 수 있는 방법이다. 꽉 움켜잡고 있지 말고 내보내라. 그래야 또 틈이 생겨서 그 틈으로 돈이 들어온다. 이는 나만의 철학이다. 신빙성 여부를 떠나서 그렇게 믿고 있다. 돈에 관해서는 나름의 철학을 세워 두는 편이 좋을 것이라 생각한다.

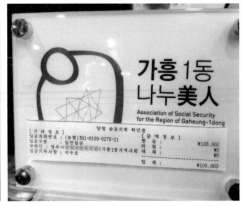

기부

누구나 편하게 들어왔다
갈 수 있는 곳으로 만들어라

오늘도 아침 일찍 가게로 나가 카운터에서 손님을 맞이하고 계산을 하고 있었다.

늘 손님들로 북적이는 가게는 아침부터 생동감이 넘친다.

문 앞에 카운터가 있다 보니 가장 먼저 "어서 오세요." 하는 인사를 하게 된다. 많은 손님들과 눈을 마주치고 인사를 하고 나면 식사를 하러 오신 손님이 아니신 분들을 자주 마주하게 된다. 가게 앞을 지나가다가 커피가 생각나서 커피 한 잔 가지고 가려고 들어오시는 분들이다. 그분들은 눈인사를 하면서 다시 나간다.

얼마나 기쁜 일인가. 우리 가게가 얼마나 편한 곳이면 길을 가다가 아무 때나 들어올 수 있을까. 나는 그렇게 자유롭게 들어와서 커피를 가지고 갈 수 있는 가게로 자리 잡았다는 것이 너무 행복하다.

이렇게 주인 눈치 보지 않고 언제든지 나가고 들어올 수 있는 가게가 얼마나 있겠는가.

앞으로도 더 많은 우리 손님들이 매일 커피 한 잔씩을 가지고 갈 수 있는 행복한 가게가 되었으면 한다.

주위 사람에게 아빠곰 엄마곰 같은 사람이 되도록 하라. 푸근하게 맞아 주고 맛있는 꿀단지를 내놓는 그런 사람 말이다. 나누어 줄수록 마음도 넉넉해진다. 바보 같은 사람이 가장 좋은 사람이라고 생각된다.

어떤 사람은 "밥도 안 먹고 커피만 들고 나가네." 하고 화가 날수도 있지만 나는 아니다. 사람들에게 언제나 들러서 커피만 가지고 나가도 괜찮은 가게로 인식되는 게 얼마나 어려운가? 나는 그 어려운 일을 해내고 있는 것이다! 이것저것 손익계산을 따지지 않는 자세가 필요할 때도 있다. 그 편이 마음이 더 편하다. 내가 고의적으로 바보가 되기를 택하지는 않지만, 적어도 사람들에게 "언제든 와서 커피 한 잔만 들고 가도 화내지 않는 사장님"이란 입장이 된 것은 참 기쁜 일인 것 같다. 앞으로도 바보같이 인심 좋은 사장이고 싶다.

운이 좋아
성공하지는 않는다

주위의 친구들이나 지인들을 만나면 자네는 운이 좋아 장사가 잘된다고 이야기를 많이들 한다. 그렇게 보일 수 있다. 내 경우 장사를 시작한 지 5년 만에 5개의 점포를 가지게 되었으니 남들이 보기에는 대단한 행운아로 보일지도 모른다.

그러나 절대 운이 좋아서 장사가 잘될 수는 없다. 성공의 뒤에는 그만큼의 노력이 숨어 있다. 나뿐만 아니라 모든 성공한 이들이 그러하다.

물론 사업은 운이 따라 줘야 되겠지만 운도 그만큼의 노력이 있어야 따라오는 것이라 생각한다. 요행을 믿고 장사를 할 수는 없고 되지도 않는다. 성공에는 노력과 분석력, 열정, 끈기 등의 요소가 훨씬 큰 파이를 차지하고 있다.

운이 좋은 것이라면 잠시 몇 개월은 잘될 수 있겠지만 지속적으로 잘될 수는 없다. 나는 처음 오픈한 후 장사 초기에는 3시간 이상 잠을 잔 적이 없다. 그럴 수가 없었다. 내 모든 것을 바쳐서 던진 마지막 찬스였기 때문에 도저히 잠이 오지 않았다. 잠을 자려고 하는 것이 더 고역이었다. 눈을 감으면 불안과 조바심이 머릿속을 채워서 차라리 눈을 뜨고 있는 것이 나았다. 눈을 뜬 채로 계속 고민에 시달리는 것은 더욱 안 좋은 방법이었기에 그 시간에 더 열심히 일을 했다. 홀 탁자 아래서 잠을 잤고 수없는 시행착오를 겪으며 직원들이 안정되게 자리 잡을 때까지 많은 땀을 흘렸다. 이것마저 망하면 끝장이었기에 정말 '혼신의 힘을 다한다'는 말이 200% 느껴지도록 일했던 기억이 난다. 주위에서는 이렇게 잘 만들어진 후의 모습만 보기 때문에 오해를 하는 것 같다.

이 글을 읽는 사람 중 장사를 생각하고 있는 사람이 있다면 나처럼 처지가 절박하지 않았어도 같은 절박함을 안고 시작하라고 말해 주고 싶다. 그렇게 할 때만이 뭘 하든지 간에 다른 곳과 차별화되는 추진력을 얻게 될 것이라고 생각한다. 우리가 어렸을 때 시험을 치는 것과 똑같다. 설렁설렁 공부하면 딱 그 정도 점수가 나오고 최선을 다해 공부하면 100점이 나오는 것을 생각해 보라. 학창시절로 공부가 끝이라고 생각하면 안 된다. 우리는 가끔 인생을 너무 안이하게 보는 경우가 있다. 인생이란 거대한 시험이 없는 것처럼 행동한다. 학교 다닐 때 공부 열심히 하면 좋은 성적을 거두듯이 인생을 살 때도 열심히 살아야 잘살게 된다. 영원히 살 것처럼 굴지 말고 늘 하루만 살 것처럼 일해 보면 인생을 보는 시각도 달라진다. 그 마음을 장사를 하면서도 충분히 느낄 수 있다.

지금도 한 집 건너 한 집이 식당을 오픈하고 있다. 경쟁에서 살아남으려면 그들보다 더 많은 노력과 지혜가 필요하다. 일단 가게만 열어 놓고 유지할 게 아니라 어떻게 하면 매출이 더 늘어날까, 늘어난 매출은 어떻게 유지할까 등등 끊임없이 연구하고 노력해야 한다.

가게 경영은 작은 세상을 건설하고 운영하는 것과 같다. 내가 조물주가 되어 내 세상을 가꾼다고 생각하고 꾸준히 물과 토양과 햇빛을 제공하는 노력을 게을리 해서는 안 된다.

운은 준비된 자에게 꼼짝없이 잡힌다. 준비되어 있지 않으면 운이 가까이 오는 줄도 모르거나 가까이 온 줄 알아도 잡지 못한다. 사업 개시 전에 점집을 찾아갈 게 아니라, 그 시간에 일 분이라도 더 '어떻게 하면 될까' 구상하는 게 바람직하다. 실력보다 더한 요행은 없다.

운은 어떻게 하면 따를까?

1. 뚜렷한 목표를 가진다.

목표가 없으면 방황하기 쉽고, 포기하기도 쉽다. 망망대해에 나침반과 망원경도 없이 어떻게 항해를 할 수 있겠는가? '성공'에 대한 막연한 생각을 지워라. '어떻게 성공할지'를 구체적으로 떠올려라. 우선 이루길 원하는 꿈을 써라. 그리고 그 밑에 그 꿈을 이루기 위한 초석을 하나하나 적어 나가라. 단기목표라도 정해놓고 시작하는 게 중요하다. 그 초석을 만들기 위한 행동 강령이나 세부 목표를 다시 적어라. 그렇게 완성된 '지도'를 가지고 매일 노력하라. 가장 기본적인 목표부터 차츰차츰 성취해 나가면 희열과 함께 방향키를 어디로 돌려야 할지 감이 잡히게 된다.

2. 행동에 옮긴다.

행동을 하지 않고서도 행운이 찾아오기를 바라는 것은 소망이 아니라 망상이다. 아인슈타인은 어제와 똑같이 살면서 다른 미래를 기대하는 것은 정신병 초기증세라는 말을 했다. 그 말이 맞다. 지금 당장 행동하지 않는데 무슨 미래가 있겠는가? 보이지 않는 '성공'이라는 개념을 물질화시키기 위해서는 반드시 '행동'이 우선되어야 한다. 허황된 망상이라도 좋다. 그것을 이루기 위해 일단 시작하라. 나이키 광고처럼 Just do it하라. 그렇지 않으면 아무 일도 일어나지 않는다. 지금 행동을 하느냐, 안 하느냐에 모든 미래가 달려 있다.

3. 묵묵히 열심히 일한다.

일단 행동을 시작했으면 초심을 잃지 말고 묵묵히 그 일을 수행해라. 중간 중간 슬럼프가 생길 수 있어도 늦춰지는 것에 조바심을 내지 않고 계속 수행하는 것에 가치를 두라. 포기는 자신이 먼저 하기 전까지는 다가오지 않는다. 두 발 올라가고 한 발 미끄러지는 한이 있더라도 꾸준히 앞으로 나아가면 반드시 결과가 있다.

4. 실패의 책임을 남에게 떠넘기지 않는다.

나 역시 큰 실패를 겪어 본 사람으로서 실패했을 때 다른 사람을 원망하기가 얼마나 쉬운지 잘 알고 있다. 아마 세상이 야박하고 사람도 야박하게 느껴질 것이다. 하지만 결국 실패를 하게 된 근본 원인은 '나'다. 내가 실패를 덥석 문 것이다. 아무리 내가 원치 않는 일이었다 하더라도 그 사건이 나에게 일어난 것에는 이유가 있었을 것이다. 정말 자신이 아무런 잘못을 하지 않았다고 믿더라도 좋다. 그렇다면 거기에 계속 머물러 있어야 할까? 자신을 상처 입히고 실패하게 한 사람과 사회를 향해 분노와 원망만 가져야 될까? 평생 그렇게 살고 싶은 사람은 없을 것이다. 만약 당신이 그렇다면 미안해해야 한다. 자신을 실패하게 한 이들에게 미안해해야 하는 것이 아니라, 그렇게 남 탓만을 하는 자신을 방치한 '나 자신'에게 미안해해야 한다. 나를 구원할 자는 나

하나뿐이다. 하느님에게 의지해도 좋고 부처님께 의지해도 좋다. 믿을 건 나밖에 없다고 생각해도 좋다. 그렇게 하기를 선택하는 것도 나 자신이다. 나는 팔공산 갓바위에서 108배를 할 때 오직 무엇을 바라는 기도는 하지 않았고 '전부 제 잘못입니다. 제가 잘못 살았습니다.' 하고 기도했다. 그 기도는 처음엔 진심이 아닌 것 같았지만 점점 내 마음에 들어오게 되었다. 지금 힘들고 괴로운가? 아무런 끝도 보이지 않는가? 그렇다면 이제 그만 스스로를 용서할 때이다. 그리고 인생에 책임을 지고 나아갈 준비가 되었음을 받아들이도록 하라.

5. 사람에게 진심으로 대한다.

사람은 절대로 사람 사이를 속일 수 없다고 한다. 자신이 눈을 감지 않는 한 그 사람이 어떤 가면을 쓰고 있더라도 '촉'이 느껴진다. 이 촉은 매우 중요한 것이다. 다른 사람을 살필 때도 그러하고, 나 자신을 드러내 보일 때도 그러하다.

진심이 아닌 가식적인 인사는 분명 티가 난다. 그러면 똑같은 대접을 받게 될 것이다. 상대를 이용하려는 얄팍한 미소나 아첨은 하지 말라. 칭찬을 할 때는 진심으로 하라. 정말 칭찬받을 만한 것, 정말 감사를 표할 만한 것에 인색해지지 말라. 당신의 마음은 분명히 전해진다. 나도 직원들을 대하면서 진심이 아닌 적이 없었다. 진심이었기에 오랜 시간 꾸준히 지속할 수 있었고 매장도 잘 돌아가게 되었다고 생각한다.

6. 인내심을 가진다.

인내는 쓰리지만 그 열매는 달콤하다는 말이 있다. 보통 성질 급한 사람이 인내심이 없어서 일을 그르치곤 한다. 나 역시 찜질 방 개업이라는 달콤한 꿈에 휘말려 인내심을 가지고 자세히 들여다볼 시간도 두지 않은 채 불나방처럼 뛰어들었다가 큰 좌절을 맛보았다. 한 번 데인 뒤에 다시 재기하기 위해 대리운전을 할 때도 무척 고통스러웠지만 인내심을 가지고 견뎌냈다. 언젠가는 이 날이 풀리겠지 하고….

지금 폭우를 뚫고 나아가는 사람들에게 진심으로 말한다. 최선을 다하고 선하게 살고 자신을 속이지 않으면 반드시 나아지는 날이 있을 것이라 말이다. 이는 법칙이다. 그러니 결코 좌절하지 말고 인생이란 먼 길에 있어서 인내심을 가지길 바란다.

7. 지금 가지고 있는 것에 감사한다.

마지막으로 가져야 할 마음가짐은 지금에 감사하는 데 있다. 욕심은 우리 삶에 있어 원동력이 된다. 욕심 없이 무엇을 이루겠는가. 다만 현재 가지고 있는 것에도 충분한 감사를 해야 한다. 나의 사랑하는 가족, 친구, 지금 일하고 있는 이 일터, 나 자신…. 이런 축복도 바라보라. 내가 얼마나 많은 것을 이미 가지고 있는

지. 저기 아프리카에 굶어 죽는 아이들, 교육도 받지 못하고 성공할 수 있는 기회도 희박한 곳의 사람들을 보면 지금 내 처지가 정말 그렇게 절망스러운가? 내가 가진 보물은 먼 곳에 있지 않다. 이 보물을 잘 사용하여 큰일을 이루는 것은 저마다의 의지와 노력에 달려 있다. 가지고 있는 자산에 감사하고 거기부터 출발하도록 하라.

베풀어라.
그러면 그 이상으로 돌아온다

나는 늘 직원들을 생각하며 생활하는 것 같다. 개개인의 성향을 파악하고 거기에 맞추어 대응한다. 일반 회사직원들을 관리할 때보다 힘든 부분들도 있지만 여기 직원들은 머리를 굴려 가며 꾀를 부리지 않고 무척 단순한 편이라 더욱 인간적인 부분도 많다.

조금씩만 관심을 가져 주면 정말 많은 것을 받는다.

대부분 여성분들이다 보니 먹거리를 많이 챙겨 와서 처리하기 힘들 만큼의 물량공세가 이루어지고 있다.

정성껏 만들어 오는 음식들이라 거절할 수가 없다. 맛이 있고 없고를 떠나서 너무 맛있게 먹었다는 인사는 빼놓지 않는다.

이렇게 주고받는 기쁨이 일하는 기쁨만큼이나 크다. 이렇게 사이가 돈독해지니 나도 일할 때 힘이 나고 천군만마를 얻은 듯

▌직원들에게 받은 선물

든든하다. 홀로 정상에 선 외로운 사자보다는 밑에서 함께 일하는 산양 떼가 좋다. 직원들이 행복해하니 나에게도 행복에너지가 전염된다.

나는 많은 사람들에게 무엇이든 주고 싶은 마음을 가지고 있다. 주면 줄수록 더 행복해진다는 비밀은 주어 본 사람만이 안다. 이제 나이가 들고 보니 진정한 행복은 줄 때 찾아온다는 것을 몸소 느끼고 있다. 혼자만 가지려고 꽁꽁 숨겨 두고 손에 쥔 것을 놓지 않으려 하면 아무리 많은 돈이 있어도 속은 공허하고 행복해지지 않는다고 생각한다. 평소 직원들에게는 물론 내 주위를 둘러싸고 있는 지인들을 포함해 자주 방문하게 되는 곳에도 가끔씩 간식거리를 가지고 가서 주고 있다. 소박하지만 이런 자그마한 친절에 고마워하는 사람들이 많다.

우리 가게의 모든 세무 업무를 맡고 있는 세무사 사무실은 수년 동안 많은 횟수를 들렀지만 단 한 번도 빈손으로 가 본 적이 없다. 그곳에서 근무하는 몇 명의 여직원들을 위해 항상 나누어 먹을 수 있는 간식을 챙겨서 방문한다. 그렇게 하다 보면 내가 기다려지는 사람으로 여겨지는 것 같기도 하다. 그곳은 직원 한 명이 수십 개 거래처의 장부 정리를 하고 있다. 그 많은 거래처 중 아무래도 매번 이렇게 관심을 가져 준 거래처에 조금이라도 더 신경을 써 주지 않을까 하는 기대감을 가지고 있다. 그냥 그렇게 믿고 행동하고 있을 뿐이다.

한번은 그곳 사무장이 "사장님 이제는 그냥 오셔도 됩니다. 요즈음은 사장님이 문을 열고 들어오시면 우리 직원들이 사장님 손만 쳐다봅니다."라고 농담을 한 적이 있다. 많은 거래처 중 우리 세무 담당 직원이 단 한 개의 영수증만이라도 더 챙겨 주고 신경 써 준다면 나에게는 충분한 세금 절감 효과가 주어질 것이라 믿고 싶다.

┃직원들이 열어 준 생일파티

값이 싼 메뉴도
성공할 수 있다

내가 운영하는 여러 콩나물 국밥 지점에는 직원들과 함께 찍은 사진이 걸려 있다. 모두들 환한 미소를 지으며 유니폼을 입고 있는 모습이 정갈하고 따뜻하게 느껴진다.

아침 손님들이 문을 열고 들어오니 모두들 "어서 오세요." 하고 큰 소리로 인사한다. 마치 사진과 함께 합창하듯 인사하는 모습이 생기가 넘친다. 이런 온화한 분위기 때문에 많은 손님들이 우리 가게를 찾는 것이 아닐까?

처음 온 손님들은 가게에서 일하는 직원들이 생각보다 많은 것을 보고 깜짝 놀란다.

"아니, 한 그릇에 4,300원짜리 국밥을 파는데 어떻게 이렇게 직원이 많지요? 게다가 사진을 보니 야유회까지 갔다 왔네요."

그러면 빙그레 미소 지으며 대답한다.

"그래서 많이 팔아야 합니다. 손님이 좀 도와주세요."

그렇다. 정말 우리는 많이 팔아야 한다. 박리다매다. 밥그릇이 많이 나가야 하기 때문에 직원들 또한 무척 힘들게 일하고 있다. 그러나 만 원짜리를 판매해야만 수지타산이 맞고 월급도 많이 주고 직원들을 편하게 할 수 있는 것은 아니라고 생각한다. 어떻게 운영하느냐에 따라 비싼 음식점 못지않게 장사가 잘 될 수 있음이 내가 체험한 진리다.

우리는 국밥 가격이 싸니 손님이 많이 와야 이윤이 남을 것이다. 그러니 다른 식당의 직원들보다 두 배, 세 배로, 늘 꾸준히 친절해야 함을 강조하고 있다. 국밥의 '맛'과 직원들의 '친절함'이라는 단순하지만 식당에서 가장 핵심적인 두 요소가 우리 가게의 트레이드마크다. 기본에 충실해야 한다.

물론 나 역시, 비싼 음식점에서 일하는 직원들보다 훨씬 대우를 잘해 주고 있기에 모두가 자부심을 가지고 열심히 일하고 있다. 만약 내가 아무런 보답도 해 주지 않는데 일만 열심히 하라고 닦달한다면 아무도 내 말을 귀담아 듣지 않을 것이다.

우리 직원들은 모두가 이 가게가 앞으로 더 잘될 것이라고 믿고 있다. 직원 모두가 자신의 가게라고 생각하고 있기 때문이란다. 그것은 진실이고 앞으로도 그 마음이 변하지 않도록 최선을 다해야겠다. 또 액자를 걸 생각을 하니 흐뭇하다.

손님이 기분 좋아서
다녀가는 식당이 되라

우리 집에 오는 손님들 중에는 이 집에 와서 식사를 하고 가면 힐링이 된다고 고마워하시는 분들이 있다.

직원들 모두가 그렇게 인사를 잘할 뿐 아니라 아주 친절해서 너무 기분이 좋아 식사값은 물론 과자까지 선물하고 가시기도 한다.

식당은 맛이 최고이지만 그 맛에 친절이 더해지면 맛+a가 되어 한 끼의 식사가 더 행복하게 느껴진다.

요즘 트렌드가 힐링인 이유가 뭘까? 그만큼 사람들이 힐링받지 못하고 있다는 뜻이 아닐까 한다. 늘 바쁘고 쫓기는 기분으로 살아간다. 학생도 그렇고 직장인도 그렇다. 일터에 나가서 고되게 일하고 나면 그대로 쓰러지는 사람도 많다. 사람에게 식사가 중요한 이유는, 영양분 섭취 이외에도 먹는 행위 자체가 스트레

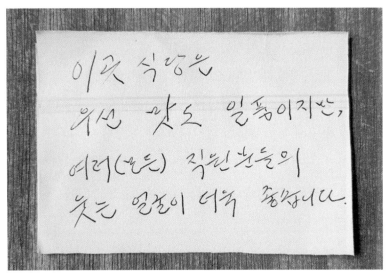

■ 손님의 편지

스를 풀어 주기 때문이라고 한다. 충분히 이해가 간다. 음식을 씹으면서 스트레스도 씹어 먹는 것이다. 나는 손님들이 따뜻한 국밥 한 그릇에 속이 탁 풀리면서 시원해지고 스트레스가 풀리며 힐링을 느꼈으면 한다. 그렇게 힐링이 되어 식사를 마치고 나가는 고객들은 매우 고마워하신다. 그 모습을 보는 나도 고맙다.

한번 목록을 만들어 보라.

어떻게 해야 손님이 '정말 잘 먹었다.' '힐링된다.'고 생각하면서 식사를 하고 기분 좋게 떠날 수 있을까? 단순히 밥만 먹고 가는 게 아니라 진짜 '힐링'을 했다는 느낌은 어떻게 줄 수 있을까? 직접 식당을 돌아다녀 보고, 스스로 느껴 보고 관찰해 보고 떠오르는 아이디어가 있으면 종이에도 적어 보면서 연구해 보길 바란다. 연구하지 않고 얻어지는 것은 없다.

맛도 물론 중요하지만 조그마한 관심과 배려가 음식맛을 더 좋게 하는 조미료 역할을 한다는 사실을 잊지 말아야 한다.

나는 손님에게 가능하면 "감사합니다." "고맙습니다."라고 자주 말하라고 직원에게 가르친다. 만약, 김치가 떨어져서 김치를 더 달라고 하면, "고맙습니다." 하고 가져다주라고 교육한다.

"왜 고맙다고 하지?"

언뜻 생소한 반응에 어리둥절해하는 손님도 있다. 그럴 때면 이렇게 대답한다.

"김치가 맛있어서 더 먹겠다고 하는 것이니 식당 입장에서는 음식을 칭찬받은 것이나 다름없지 않습니까? 그러니 당연히 고맙다고 인사를 해야 하지요."

그런 말을 들으면 손님들 입장에서 너무 기분이 좋다. 돈을 지불하지 않고 무료인 반찬을 더 먹는 데도 감사인사를 들으니 부담도 없고 감동까지 느낀다.

이렇게 조금만 생각을 전환해도 얼마든지 훌륭한 아이디어가 떠오를 수 있다. 손님이 다른 식당에서는 느껴 본 적 없는 색다른 경험을 통해 기분이 좋아지도록 차별화하라. 아이디어는 무궁무진할 것이다.

요즘의 대세는 '스펙'보다는 '스토리텔링'이라고 한다. 자신이 가진 개성을 표현하는 '이야기'가 중요한 시대다. 이 이야기라는 것을 어렵게 생각할 필요는 없다. '경험'을 선사해 주는 것이라고 생각하면 된다. 사람마다 각자가 가지고 있는 '이야기'가 있다. 그 '이야기'를 통해서 서로 소통하면서 우리는 공감이 가는 이야기에 반응하기도 하고 기뻐하기도 한다. 이렇게 내 사업, 내 식당 자체가 하나의 이야기로서 손님에게 다가가도록 하라.

요즘은 밖에 나가 많은 지인들을 만나면 그곳 콩나물국밥집은 주인도 가게에 없는데 어떻게 해서 직원들이 그렇게 친절할 수 있느냐는 소리를 귀가 닳도록 듣고 있다. 어떻게 해서 우리 직원들이 그렇게 친절하게 손님을 대하고 있는지 나도 궁금해진다. 저마다의 이야기를 오늘도 전달하고 있는 게 아닐까?

앞으로도 오랫동안 이런 소리를 들을 수 있었으면 하는 바람이다.

끝이 없는
자기개발

　나는 시골에 내려올 때 걱정했던 부분이 있었다. 내 머리를 잘 깎아 줄 이발관이 있을까 하는 문제였다. 나는 다른 사람들보다 머리를 자주 깎는 편이다. 2주에 한 번 정도는 이발을 해야 한다. 지금까지 그렇게 살아와서 이제는 어쩔 수가 없다.

　만족할 수 있게 머리를 잘 깎는다고 생각되는 이발관을 찾기 위해 수많은 이발관을 옮겨 가며 머리를 깎았다. 그리고 마침내 '바로 내가 원하던 곳이 이곳이다.'라고 생각되는 이발관을 발견하여 지금까지 단골고객으로 다니고 있다.

　머리를 깎아 주시는 사장님과 이런 저런 이야기를 나누다 보니 그분에게 감탄을 금할 수가 없었다. 그곳 사장님은 나보다 나이가 많은 60대 중반이지만 지금도 휴일이 되면 시내로 나가 길거리에서 몇 시간 동안 지나가는 사람들의 머리 깎은 모양과 스타일을 관찰하고 돌아온다고 한다. 지금은 어떤 머리 스타일이 유행을 하는지를 보기 위해서란다. 게다가 몇 개월에 한 번씩은 서울에까지 올라가서 서울에서 유행하고 있는 머리스타일은 어떤가를 보고 내려온다고 하니 놀라지 않을 수가 없었다. 60대 중반의 나이지만 직업관이 투철하고 자기발전을 위해 노력하는 모습이 있었기에 도시생활을 하면서 2주에 한 번씩 머리를 깎던 나의 발걸음을 이곳으로 인도하였다고 생각한다.

내 자신이 대단한 사람이라고 생각하진 않지만 나는 머리를

▌사장님의 철학이 녹아들어 있는 단골 이발관

자주 깎을뿐더러 성격이 까다로워 모양이 마음에 들지 않으면 오늘 깎은 머리도 옆집으로 가서 다시 깎아야 하는 사람이다. 그런 내가 지금까지 그 사장님이 깎아 주시는 머리에 만족하여 단골손님이 되었다는 것은 그만큼 그분의 노력과 능력이 뛰어나기 때문이라 여긴다.

나는 이분의 삶의 철학이 매우 값지다고 느낀다. 이렇게 소명의식을 가지고 일을 한다면 아무리 힘든 일이라도 지루하지 않을 것이다. 우리 직원들도 현재 하고 있는 일을 사랑하고, 그 일이 세상을 더 좋은 곳, 행복한 곳, 따뜻한 곳으로 만든다고 생각했으면 좋겠다. 따뜻한 국밥과 친절한 서비스에 손님들이 즐겁게 식당을 방문하고 떠나게 하는 큰 역할을 하고 있다고 생각했으면 좋겠다. 돈도 중요하지만 돈을 벌 때의 기분도 중요하다. 직원 모두가 즐겁게 일하며 돈을 버는 데 만족하는 그런 가게를 운영하고 싶다.

7장

마치는 글

본사와의
관계

　체인점을 운영하는 점주와 본사의 관계는 보편적으로 갑과 을의 관계라고 할 수 있다. 그런 실정이니 대부분 좋은 관계로 유지되기가 쉽지 않다. 하지만 우리 전주명가콩나물국밥의 본사와 점주와의 관계는 조금 다르다고 생각된다.

　먼저 나는 가장 힘들고 어려운 때 전주콩나물국밥과 인연이 되어 많은 것을 얻었다. 그렇기에 늘 감사하는 마음을 가지고 있을 수밖에 없다.

　맨주먹으로 시작해서 몇 년 만에 이렇게 성장할 수 있었던 배경에는 물론 나의 노력도 있었지만 본사의 갑질 또한 없었다는 것이 한몫을 했다는 점도 빼놓을 수 없다.

　내가 우리 직원들과 함께 성장하기를 바라듯이, 본사 대표님

█ 대표님과 함께

또한 점주님들과 함께 성장할 수 있기를 바라고 있다.

전주명가콩나물국밥 본사에서는 매월 한 번씩 본사 직원들과 점주님들이 함께 모임(골프)을 통해 서로의 어려움이나 문제점들을 의논할 수 있는 시간을 가지고 있으며, 본사 직원들 간에 함께 야유회를 가기도 할 뿐만 아니라 월 매출이 3,000만 원 이하인 지점의 점주에게는 가맹비도 면제를 해 주고 있다. 또한 다른 점주님이 새로 오픈을 하거나 서로 간에 애경사가 있으면 꼭 함께 축하와 위로를 해 주기 위해 멀리까지 찾아가는 단합된 마음을 가지고 있다. 이렇게 한마음이 되다 보니 다른 회사 체인점보다 폐업률이 가장 적은 것으로 생각된다.

▌점주 모임

▌점주님들과 회식

아무튼 나는 전주명가콩나물국밥이라는 회사를 만나 이렇게 모든 것을 얻었으며 꿈을 이룰 수 있게 되었으니 이 책을 통해 다시 한번 감사를 드리고 싶다. 세상의 모든 일이 사람 혼자의 힘으로 이루어질 수 없듯이 이렇게 좋은 인연을 맺게 되니 더욱 고마운 마음이 생기고 힘이 난다. 나뿐만 아니라 모든 전주명가콩나물국밥집 점주님들도 사업에 흥하고 좋은 일들이 많이많이 생기기를 기원한다.

┃정기 골프 모임

세무조사,
다시 찾아온 위기

나는 식당을 운영하면서 세무에 관한 모든 것을 세무사 사무실에 맡겨서 장부기장을 하고 있다.

세무사 사무실에서 부가세 신고 때가 되면 어떤 서류를 준비하라, 소득세 신고 때가 되면 무엇을 가지고 오라고 하면 거기에 대한 신고를 마치고 세금을 낸다. 그렇게 5년 동안 운영을 해 오던 중 생각지도 못한 일이 벌어졌다.

세금 누락이 있어 세무조사를 받으라는 통보였다.

한 번도 세무조사를 받아 보지 않은 나로서는 당황스러울 수밖에 없었지만 2달 동안 세무조사를 받게 되었다.

너무도 힘든 하루하루를 보냈다. 말로만 듣던 세무조사를 마치고 수억 원의 세금 고지서를 받게 되었다.

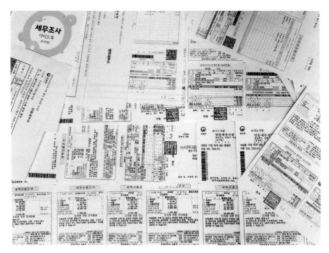
┃세금고지서 폭탄

　세금에 대한 상식이 없기에 모든 것을 세무사 사무실에 의뢰
하였지만 매년 부과되는 세금을 납부하고도 식당에서 수억 원의
세금을 추징당하는 일이 생겼다.

　식당을 운영하는 나로서는 너무도 큰 액수의 세금을 추징당했
지만 어떻게 할 수 있는 방법이 없다. 한꺼번에 낼 수 없는 금액
이라 세무서에서 몇 개월 분할해서 납부하라는 고지서를 받고 열
심히 납부하고 있다.

　어떤 개인적인 실수가 있어서는 아니었다.

　모든 세무 업무를 세무사 사무실에 맡기지만 세무사 사무실에
서는 신고할 때 전체 매출에 대한 신고금액을 카드로 받은 금액+
현금으로 받은 금액의 10%정도만 신고를 하는 것이 암묵적 통례

이다.

그러나 실제로 조사해 보면 현금이 10%이상 들어와 있으니 누락한 금액을 추징하게 된다. 그래서 5년 동안의 누락된 금액이 그렇게 큰 금액이 되는 것이다. 주로 사업이 잘되는 식당이 이렇게 깜짝검문에 걸려서 세무조사를 받는다.

사업을 하다 보면 이렇게 생각지 못했던 부분에서 황당한 일이 벌어질 수 있다는 것을 큰돈을 주고 경험하고 있는 것이다.

*음식점을 운영하면서 납부해야 되는 세금은?

음식점을 운영하는 사업자는 세금으로 당해 연도 종합소득세와 부가가치세를 납부해야 한다. 종합소득세는 전년도에 발생한 소득으로서, 5월 말일까지 납부해야 하며, 부가가치세는 매년 1월 25일과 7월 25일까지 신고 납부해야 한다. 세금을 신고하다 보면 착오나 오류에 의해 과소하게 신고해 세금을 더 납부해야 하는 경우도 있고, 과다하게 신고를 해 환급을 받을 수도 있다.

그리고 중간예납, 원천징수납부 등으로 미리 납부했던 세금을 환급받는 경우도 있을 수 있다.

아들에게

　나에게 소중한 아들 한 명이 있다. 힘들어서 식당은 하지 않겠다는 아들이었지만 이제 다니던 직장을 그만두고 아빠의 품으로 돌아와 열심히 식당 일을 배우고 있다. 책임자로서의 역할도 중요하지만 직접 주방에서 음식을 만들어서 손님들께 내어 놓아 보는 것이 더욱 중요하기에 4년째 주방 일을 시키고 있다. 앞으로 우리 식당을 이끌어 가기 위해서 또 지금의 자리를 지키기 위해서는 더 많은 노력과 인내가 필요하다고 생각하기 때문이다.

　힘들어하는 모습을 볼 때면 부모로서 마음이 아플 때도 있지만 치열한 경쟁 속에서 살아남기 위해서는 더 힘든 과정도 이겨 낼 수 있어야 한다.

　지금 아들은 우리 식당에서 이루어지는 모든 일들을 다 하고 있다. 주방에서의 일은 물론 홀에서 손님을 대하는 방법, 불평을 하는 손님들에게 대처하는 방법 등, 젊은 혈기에 혹시나 손님들에게 불편함을 주지 않을까 많은 것을 가르치고 있다.

대우 또한 다른 직원들과 똑같다.

하루라도 근무를 하지 않으면 월급에서 빼고, 매출 목표가 달성되면 수당을 지급한다. 그렇게 일반 평직원으로 4년째 열심히 일한 결과 올해 부장으로 승진이 되어 처음 부장님 소리를 듣고 있다. 아직 실장, 그러니까 책임자 자리까지는 주지 않았다. 좀 더 고생하고 많은 부분들을 배운 뒤에 맡기고 싶은 마음이다.

아들! 지금 많은 것이 힘들고 어렵기도 하겠지만

지금 배운 것들이 분명히 큰 자산이 되어 너에게 돌아오리라 믿는다.

조금만 더 힘을 내고 꾸준히 전진하자.

이 아빠는 너를 항상 믿고 있난다.

사랑한다. 장하고 고맙다.

▌사랑하는 아들

봉화송이빵을
개발하다

　나는 오랫동안 고향을 떠나 객지에서 수십 년을 보내고 이제 늦은 나이에 고향으로 돌아와 몇몇 곳에 콩나물 국밥집을 운영하고 있다.

　그중 경북 봉화 지역에서 국밥집을 운영하면서, 봉화송이가 유명한 것을 보고 계절 메뉴로 송이콩나물국밥을 만들어서 큰 성공을 거두었다. 런칭한 메뉴가 성공을 거두고 보니 이 지역에서 생산되는 송이로 상품을 만들어 보면 어떨까 하는 생각이 들어 고려 끝에 봉화송이빵을 만들어 보기로 하였다.

　많은 지역에서 지방자치단체가 특산품 사업을 하고 있다. 이곳 봉화 지역은 송이로 유명한 지역이며 송이에 관한 많은 축제 행사를 하고 있지만 아직 송이로 만든 특산품이 탄생되지 않은 상태웠다. 그래서 봉화송이빵이라는 아이디어를 떠올려 현재 특허청에서 상표 등록을 마치고 기계제작을 준비하고 있다. 상표 등록을 하는 데 1년여의 시간이 걸렸지만 나름대로 자부심을 가지고 열심히 다음 사업을 준비하고 있다는 것이 무척 자랑스럽기도 하다.

▌봉화송이빵 상표

▌봉화송이빵

▌봉화송이빵 패키지 디자인

상표 등록을 할 때는 먼저 같은 상표가 있는지, 똑같은 디자인이 있는지를 심사해서 중복되는 것이 없어야 한다. 어떤 상표를 어떤 디자인으로 하겠다는 것을 그림으로 만들어 특허법률사무소를 통해 대행을 맡겨서 진행하게 된다. 디자인 심사국을 통해 특허청에서 등록결정서가 나올 때까지 약 1년 정도가 걸리는 것 같다.

이 송이빵 역시 책이 출판되는 출판기념회 날 그곳을 찾는 축하객들에게 맛볼 수 있는 기회가 주어졌으면 하는 바람이다.

┃봉화송이빵 상표등록증과 상표디자인
심사 및 특허청 등록결정서

친구들의
편지

세월이 흐르고 시대가 바뀌면서 세상에 많은 변화가 이루어지고 있다. 그 와중에 서서히 잊혀가는 것이 바로 편지가 아닐까 생각된다.

나는 어렸을 때부터 편지를 쓰고 답장을 받는 것을 좋아했다.

내가 태어난 곳은 아주 작은 시골마을이었고, 그곳에서 함께한 죽마고우 남자아이 네 명이 중학교까지 같은 학교를 졸업했지만 고등학교부터는 서로 다른 곳으로 진학을 하게 되어 그때부터 서로 편지를 주고받았다.

오늘날 신세대들에게는 편지라는 것이 지난 엄마 아빠 세대에 있어 얼마나 소중하고 중요한 역할을 했던 것인지 잘 모르고 있을 것이다.

요즘의 편지함에는 예쁜 편지 대신 카드 대금 영수증이나 세금고지서 등 반갑지 않은 것들이 가득 차 있으니 말이다.

어린 시절 시골 마을에서 가장 기다려지는 사람은 편지를 배달해 주시는 우체부 아저씨였다. 중고등학생이 되고 여자친구가 생기면서부터는 매일매일 편지를 쓰게 되었고 여자친구의 답장을 기다리기 위해 하루 종일 우체부 아저씨만 기다렸던 추억의 시간들이 있었다.

그 기다림과 설레임, 사랑의 깊이를 핸드폰으로 문자를 주고받는 요즘의 세대들은 느껴 보지 못했을 것이다.

그 당시의 편지지와 봉투는 글만을 전하는 단순한 매개체가 아니었다. 두 사람의 마음이 가득 담긴 그런 것이었다. 봉투 하나에도 정성을 다해 행운이 담긴 네잎클로버나 은행잎을 붙여서 사랑을 전하던 시대였다. 그때나 지금이나 변하지 않은 것이 있다면 하트 모양의 사랑의 표시다. 하트 모양만은 세월이 흘러도 여전히 앙증맞은 사랑의 귀여움을 나타내고 있는 것 같다.

오늘을 살아가는 아이들에게는 너무나 생소한 이야기가 되겠지만 그때는 휴대폰이나 컴퓨터도 없었으며 가정집에 전화 역시 그리 많지 않았던 시절이었다. 유일한 통신수단이 편지라고 해도 좋을 것 같다.

편지는 사람의 마음을 읽을 수 있는 가장 확실한 증표였다. 그 사람의 성격이나 직업, 학력 또 사랑의 무게까지도 알 수가 있었다. 편지를 보내고 답장을 받아 보는 데는 많은 시간이 걸렸지만 그때 생겨나는 마음의 애틋함은 더욱 상대방을 사랑하게 만들었던 것 같다. 물론 휴대폰이나 메일로도 사랑을 나눌 수 있겠지만 마음을 담은 편지를 써서 사랑하는 사람에게 진실된 마음을 전해 보는 건 어떨까? 전화나 메일보다 훨씬 더 값진 사랑의 선물이 될 것이며 멋진 추억의 편지로 남게 될 것이다.

만약 당신이 사랑하는 사람 앞에서 쉽게 마음을 표현하지 못하는 사람이라면, 꼭 사랑의 편지로 마음을 전해 보길 바란다. 틀림없이 후회 없는 연애편지가 될 것이다. 꼭 연인에게 보내는 편지가 아니더라도 좋다. 가족, 친구들에게 선뜻 편지를 보내 보자. 처음엔 어색해도 훈훈한 감동을 전해 줄 것이다. 그리고 당신에게 똑같이 편지로 답례하는 사람이 있다면 그 사람의 마음 역시 진실된 마음일 것이다.

오늘 당장 사랑하는 사람에게 진실된 사랑의 편지를 보내 보라. 그리고 편지 속에 예쁜 나뭇잎이나 꽃잎 하나로 당신의 정성을 표시해 보라. 아이들에게도 엄마 아빠의 마음이 담긴 사랑의 편지를 보내 보라. 그 사랑의 편지가 더 큰 사랑을 안고 다시 돌아올 것이다.

벌써 4~50년이 지났지만 나는 그 어린 시절의 친구들과 주고

받은 편지들을 지금까지 소중하게 보관하고 있다. 어쩌면 편지를 많이 주고받았던 것이 오늘 책을 만들 수 있을 만큼의 문장력을 키우는 데 도움을 주었을지도 모른다. 어린 시절부터 주고받은 편지들은 지금까지 수백 통이 되었다. 편지들을 보관하면서 내가 회갑 때가 되면 공개하겠다고 다짐을 했다. 이 책이 출간되는 날 출판기념회 때 공개될 것으로 생각된다. 지난 70~80년대에 보내 준 많은 분들의 편지들이 40~50년이 지난 오늘 출판기념회를 찾아 주시는 많은 친구들과 지인들에게 소중한 선물이 되어 주었으면 하는 바람이다.

수호에게,

보내준 편지 반갑게 잘 받았어.

그간 몸건강히 가을 녘마다 열중하고 있겠지.

지난 한달동안 정신 훈련을 받느라 얼마나

어려움이 많았겠느냐

모든 어려움을 참고 견디는 자만이 그리고 그것을

슬기롭게 극복하여 나가는 자만이 영광스런 그날을

맞으리라 생각된다.

수호 잔잔한 바다위에 돛을단 배가 미끄러지듯이

앞으로 앞으로 나가 듯이 너의 앞 날에 순조로운

항로가 되길 바란다

훈련원 생활이나 너의 주변에 어떤 어려움이

있거던 나에게 소식주기 바란다

친구로서 서로 의논하며 도와 가자구나

이곳 학수는 수호의 협력 덕분으로 이렇게

건강하게 회사에 다니고 있단다.

아침 9시에 시작해서 보통 저녁 10시에 끝난다.

내가 일하고 있는 곳은 카아 스테레오를 생산하고 있단다

하루 생산 150 여대중에서 하루 30 4대를 수리 하고있어

처음 라인에 앉았을 때는 어리둥절해서 쎄기나 스크프로

볼꽃 물 꼇으나 선배 사원 한히 모르는 것을 배워가니

하루 하루의 생활이 즐겁기만 하구나.

반 장 계셔도 내가 힘도 없음히 회의 열중 하니까

조용히 부르더니 책임지고 ○○한 수리사로 키워주게다고
약속 했단다.
지난주에는 거의 회사에서 밤을 새워 가며 일을 했단다
마국 뻐지만 회사에 가스레인지도 1000대를 수출 하기로
계약이 되어 있어서 지난주에 우리 수리사 10명은
한 10시간 잠도 잠을 잤을 거야.
제품이 실려 나가던날 과장과 함께 식사를 함께 하며
그 동안의 피로를 풀었다.
배운다는 생각. 내가 하고 싶은것, 하려 하려
서려함을 찾아내어 고쳐나 갔을때의 가슴뿌듯한 희열
등등 때문에 피로를 풀었다.
3월31일과 4월1일에는 특별휴가로 이틀을 쉬었단다
삼촌 집에 갔다가 학두식이가 들려 왔더구나.
모든것이 천함에 쉬는것이 없어.
참고 배우며 한칸 한 ○지에 이르렀을때 비로소
잡힌 진리를 깨닫게 되겠다
수호 야 무진록 일년동안 ○○히 노력해서
좋은 결과를 ○기 바란다.
매우 힘든 일이 있겠지만 수호의 인생의 고생은
지금다하고 있으라고 생각하고 분습히 "뒤어봐.
그럼 오늘은 나가서 그만 줄일까.
수호의 건강을 빌며 형사 —
         1977. 4. 4. 0시.
         수원에서 — 형수 —

石 "호" 에게

산과 바다가 가장 그리운 계절이구나

노을진 해면을 따라 수평선 끝까지 치닫고

오르며 마냥 가고 싶은 충동 애련하구나

그간 안녕? 나역시 여러 덕분에 조금은 안녕

일적이 선창장 구지못하고 이제서야 추게됨을

미안하게 생각한다.

몇일간 계속되는 삼록더위가 사람을 완전히

잡아놓고야 마는구나. 거기도 역시 그렇게

더우냐. 서울에 평균 기온은 33도로 매일같이

불여가니 공부는 안되고 울해질소만 높아져

미치고 환장할 지경이구나 남들은 피서다 바캉스다

하며 팔짜 좋게 다니는데 요즘의 팔짜 구든꼬여란

말인고. 세상은 이렇게만 살아야 하는지 정말

알다 말구나. 에라! 모르겠다 홀라같은 세상 섭섭하면

부딪쳐보자 장맹이 아니면 구맹 이겠지!

설마 살코 망통 이냐 됄려고 ......

참! 대구에 언제 내려갈 예정이냐

날씨손 선선하거던가라. 대구에가 여름철엔 사람

잡는데다. 학우인데서 편지가 왔는데 대구가 이렇게

더웃지 미쳐 못잤네. 좌우간 덥건 더운모양이나. 그러면

한눈이 덮다하면 한눈 쉬는가우니

1년지만 우리에겐 운명의 갈이 있는데 찬가하게
계절은 왓탕두 맞세나. 계절은 계절이고
우리의 운명은 운명인 만큼 오직 가야만 하지 않게나
한마디로 "눈새는 못오는 세월은 간다//
가자 ! 우리함께 가다가 · 옥는함이 있더라도
쉬지않는 전진 이것만이 산교이다.
앞아 ! 너 영화 제목 같은 소식를 하는구나
으하하 ! 웃지마라 ! 영화제목이 아니라 우리인생
삶이 제목이라고 · ---- 그게 그건 너맘이 맞어
참 ! 경무 지방직 9급2년의 시험 · 원서를 언제
우선 언제까지 인지 좀 알아 봐주라
패배에 분자로 다시더라도 경험 삼아
한번 봐아 봐아지. 처음취르는 시험이라
큰기대는 가지지 않고 있어, 너는 한번 겪워봐
다음시험에 크라큰 도움이 되겨야
잘잘았 ! 화장실에 갔다와서 이바구 또하게

                        너손에서

P.S.: 미안하다 화장실에 갔다와서 이바구 할려 했는데
    화장실에 가서 다 까먹 없어, 다음에 또하자
    너의 기쁜 소식 기다리며 안녕

HYUN DAE

그리운 친구 수로 읽어 보렴

그 동안 건강하게 학교에 잘 다니고
있을줄 믿는다.

소식 늦어서 미안하다. 퍽 궁금 하였겠지.
나의 성의부족이야 용서 해 주겠지

나도 너 덕택으로 학교에 건강 하게 잘 다니고있어
이렇게 떠나오니까 한층 더 너가 그리워
지는구나 같이 학교에 다니던 그시절이...

이제는 영영 그럴 시절이 오지 않겠지
좀더 너와 같이 지내는 날이 많았더라면 좀더
너를 이끌어 주었더라면.. 후회가 된다.

참 쓸데없는 소리 하다가 너의 부모에게 인사가 늦었구나
나머지 인사드려. 이렇게 낯설은 곳에 있으니까
고향소식이 궁금하구나. 조용하던 내고향 마을
들판 언덕길등 모두가 그리워지는구나

참 어머님께 소식들으니 전기를 켰다며 참 외 기쁘더.

수로야! 공부 열심히 하며 부모님께 효도를 하여라
이 친구가 진정하고 싶은말이다. 낙심하지 말고 각자가
열심하라면 다른학교 학생에게 뒤지지 않는다.

춥고 굶다고 욕하지 말고 명심하여라

그럼, 가내에 만복이 깃드길 빌면서 가족가 바래는
이때 몸조심 하여라.

75. 3. 7.

너의 건강를 빌며 승락으로 적어

▌고향친구들

세월이 이렇게 흐르고 보니 참으로 다사다난하기도 했던 나날들이었다. 그러나 어느 사람의 삶에 꽃길만 있으랴. "다른 사람에게 친절하라, 그들은 모두 저마다 당신이 보지 못하는 곳에서 자신만의 전투를 치르고 있다." 그 말이 진리라고 생각하며 무릎을 친다. 사람들은 겉으로 보이는 모습만으로는 서로가 어떤 일을 겪고 있는지 잘 모른다. 친한 친구 사이라도 세세한 속사정은 모르는 경우가 많다. 다들 힘든 일은 감추고 웃으며 살려고 한다. 물론 힘들 때 속내를 털어놓으며 고민을 상담하는 경우가 있지만 그 고민을 들어 주는 사람이 전부 해결해 줄 수가 있겠는가. 결국 스스로 짊어지고 가야 할 운명이다.

절망의 나락에서 시작하여 이렇게 나름 성공한 국밥집 사장이 되었다. 그저 다행이라고 말할 수밖에 없는 듯하다. 나보다 심각한 환경에 처해 있는 사람도 많을 것이기에….

이 책은 소상공인들을 위해 쓰였지만 한편으론 내가 생각하는 인생과 사람에 관한 이야기를 하고 싶어서 펜을 들기도 하였다. 글 곳곳에 나만의 철학이 묻어 있는 것을 느꼈을 것이다. 삶을 사는 데 있어서 작은 도움이 되었으면 한다. 힘들고 어려울 때 문득 떠올려 볼 수 있는 잠언 같은 책이 되기를 바랄 뿐이다.

아, 사람이 전부다. 그런 생각이 들었다. 이 지구상에서 사람 없이 이루어지는 게 무엇이 있나. 실패도 성공도 전부 사람 손에 의해 이루어진다.

내가 나름대로 철칙을 정하고 직원들을 관리해 왔지만 착한 심성의 직원들이기에 내 말을 따라 준 것이지 어디 무조건 나의 역할만이 주가 되었을 수 있겠는가. 다 착하고 정직한 직원들 덕분이다. 그들이 없었다면 오늘의 콩나물국밥집, 오늘의 나는 있을 수 없었다.

그렇기에 끝까지 함께하고자 하는 것이고 그들을 위해 뭐든지 해 주려고 하는 것이다.

사람들은 왜 국밥을 찾나?

우리나라 고유음식이라고도 할 수 있는 국밥에는 정이 있다. 뜨끈한 국물에 흰 밥을 솔솔 넣어 한입 떠먹는 순간의 행복. 그런 것은 피자나 스파게티 같은 양식에서는 느껴 볼 수 없는 소박한

┃울진점 오픈을 축하해주는 친구들

축복이다. 국밥 자체가 가지고 있는 매력이라고 할 수 있겠다. 국
밥은 가장 서민적인 음식이자 엄마의 손맛이 살아 있는 음식이라
고 생각한다. 그런 국밥을 선택하게 된 것이 운명 같다. 내가 한
때 지치고 힘들었기에 이제 그때의 기억을 가지고 지치고 힘든
사람들에게 손을 내밀어 가득 퍼 담아 주는, 그런 장사를 하게 된
것이 아닐까 생각한다. 내가 손님에게 서비스를 아끼지 않는 것

마치며

도 그럼으로써 손님의 마음에 행복함이 피어오를 수 있다면 정말 남는 장사라고 생각하기 때문이다. 선하고 긍정적인 기운이 맴돌아 우리 가게에도 행복을 가져다줄 것이다. 나뿐만 아니라 일하는 모든 직원들에게도….

부처님은 직업을 선택할 때도 주의 깊게 생각하여 좋은 영향을 끼치는 직업을 선택하라 하셨는데 내가 하는 장사는 그래도 선한 업에 해당하지 않을까 생각을 해 보고 내가 짓는 선업이 다른 이들에게 좋은 영향력을 끼치기를 바라고 싶다.

어떻게 이렇게 5년 만에 다시 행복한 삶으로 돌아올 수 있었는지!

팔공산 갓바위의 축복 같고 부처님의 은혜 같기도 하다. 나를 믿고 좋은 운명을 점지해 준 것에 감사드린다. 그 감사를 잊지 않고 살 것이다. 사람에게 진심으로 대하고 장사에 거짓이 없도록 하리라. 그것만이 이제 내게 남은 소명이다.

소상공인으로서 장사하는 것이 힘들고 막막하신 분들이 모두

나와 같이 좋은 길을 찾아 성공하시기를 진심으로 빈다. 이 책에 미약하지만 내가 아는 장사의 모든 것을 집어넣었다. 더 이상은 쓸 게 없다고 느껴질 때까지 쓴 것 같다. 많이 부족하게도 느껴지지만 원칙을 중시하며 써 나간 글이니 따르는 데 있어서 부작용은 없으리라.

각박하게 돈을 쫓으며 살지는 말길 바란다.

세상에는 돈보다 좋은 것이 훨씬 많다. 돈 자체를 보지 말고 돈을 모으려 하는 열정, 삶을 살아가는 데 있어서 원동력이 되는 그 열정에 불을 지펴야 한다고 믿는다.

돈은 부수적인 것에 불과하다. 사실 돈을 벌 때의 열정이 진짜 목적이다. 이 세상은 아무 의미 없이 지어졌기 때문에 다들 의미를 찾으려 고군분투한다고 생각한다. 어떤 뜻을 짓느냐에 따라 삶의 방향이 제각기 갈라져 나간다. 그러니 좋은 방향을 따라 가라. 인생은 속도가 아니라 방향이라는 말도 있지 않은가. 바야흐로 100세 시대. 어떤 이는 일찍 피어올라 금세 지고 어떤 이는 대기만성형으로 천천히 피기도 한다. 그러니 조급함을 가지지 말고 꾸준히 자신이 옳다고 믿는 일을 밀어붙인다면 반드시 좋은 결과가 있으리라.

장사도 아이를 키우는 것과 비슷하다는 생각을 한다.

많은 공을 들여야 하고 지금 당장은 어떻게 될지 모르지만 무한한 가능성을 품고 있다. 돈도 들고 시간도 들고 땀과 피와 눈물도 들어간다. 타고난 속성에 따라 말썽을 일으키는 것도 잘 나아가는 것도 다 다르다. 하지만 선한 의지를 가지고 잘 케어해 주면 훌륭한 결과를 가져온다. 그렇게 믿고 싶다. 상투적인 말이지만 "노력은 배신하지 않는다"는 말을 다시 한번 믿어 보려 한다.

짧다면 짧고 길다면 긴 인생의 여정 속에서 우리가 추구하는 것이 무엇이냐에 따라 인생길의 갈래가 천변만화한다. 조심스레 길을 선택하며 나아갈 수 있길 바란다. 힘을 내시길 바란다. 모든 이들의 앞날에 햇빛이 깃들기를 진심으로 기원한다.

많은 소상공인들이 경제가 어려워 살기 힘들다고들 하신다.

그 말이 맞다. 사실이다. 그런 와중에서도 이 책을 통하여 조금이
나마 좋은 팁을 얻어 가시길 바란다. 힘들고 괴로운 나날이 많았
던 나의 인생에도 봄빛이 들지 않았던가. 부디 한마음 한뜻으로
힘을 모아 위기를 극복하고 웃는 날이 많아졌으면 한다.

　사랑하는 가족과 전주명가콩나물국밥 직원들이 영원히 행복
하기를….

▌사랑하는 가족들의 축배

저는 전주명가콩나물국밥 옥동점에서 근무하는 김성옥입니다.

1997년 7월 25일 졸혼 후 식당일을 시작하여 2015년 9월 1일 전주명가콩나물국밥과 첫 인연으로 만나 사장님께 소름끼치도록 감동을 받았어요.

3,800원 받는 국밥 손님께 너무너무 친절하게 "맛있게 드셨어요." 하시며 진심 어린 감사한 마음을 전하는 모습을 보았답니다.

그때 저는 마음속으로 결심했답니다. 하는 그날까지 늘 한결같은 맘으로 손님께 친절히 잘해야겠다며 자신과 약속했답니다. 나름 지금까지 그렇게 하고 있구요. 사장님 내외분께 늘 감사하고 고마운 것이 있습니다. 일은 즐기며 하지만 옆 사람들로 인하여 많이 힘들어할 때 주관을 갖고 현명한 판단을 내려 주신 데 대해 평생 그 고마움을 잊지 못할 것 같습니다. 그 보답은 최선을 다해 일 열심히 하는 것이겠죠.

또 한 가지 전주명가콩나물국밥에 자랑을 해 볼까요.

착한 가격에 최고의 재료(쌀, 멸치, 야채, 맛나는 김치, 모든 양념 등등)를 우리 사장님께서는 아끼지 않는답니다. 그래서 저는 손님들께 당당히 "저희 국밥 드시고 건강해지십니다." 하고 말을 하지요. 또한 단골손님께는 웃으며 우리 사장님 안동시에서 표창장 주셔야 한다고 말을 하기도 했답니다. 저는 20년 이상 식당에서 일하고 있지만 우리 사장님처럼 종업원에게 베푸심은 처음입니다. 저의 늦복인 것 같아요. 손님 많으면 월급 외 돈 챙겨 주시구요. 지난 4월엔 평생에 처음 관광차 타고 놀러도 다녀왔구요. (못 놀지만 흥에 겨워 맘껏 까불었답니다) 또 작년엔 사장님과 옥동점 직원 일동 제주도 여행 다녀왔었답니다.

그 행복했던 순간순간들 기억하며 늘 감사한 마음으로 잊지 않겠습니다. 이 외에도 자랑거리라면 손님에게 늘 친절하시며 맛있게 드시고 갈 수 있도록 최선을 다하게끔 이끌어 주십니다.

우리 사장님 큰 자랑은요, 조그만 실수일지라도 용납이 안 되며 그때그때 혼내 주시어 잘하게끔 하신다는 점입니다.

그래서 우리 콩나물국밥이 최고의 맛이랍니다. 최고~~~

특히 손님들께서 계산하시고 나갈 때 "다른 곳에서 먹어 보았지만 이 집이 제일 맛있어." 하며 엄지손가락 올려 보여 주시는 모습 볼 때 저 또한 일하는 보람을 느낀답니다.

안동 옥동점 실장 **김성옥**

▌안동 옥동점

내가 전주명가에 온 지 5년이 다 되어 가지만 1년도 안 된 것처럼 시간이 빠르게 지나갔다. 식당을 20여 년 다녀 보았지만 사장님처럼 직원들 진심으로 배려해 주시고 챙겨 주시는 분은 처음 느껴 본다.

일하느라, 여행도 제대로 못 다닌 직원들에게 제주도 여행도 보내 주시고 좋은 추억도 많이 만들어 평생 잊지 못할 따뜻한 가족 분위기가 만들어졌다.

손님들이 늘 하시는 말씀이 있다. 전주명가는 친절하며 분위기 좋고 음식도 맛있다는 것이다. 그런 칭찬 속에서 자부심을 가지고 더 열심히 일하고 있다.

사장님의 성공 비결은 친절교육, 위생, 음식의 맛에 대해서 아주 엄격하기 때문이다.

▋안동 터미널점

또, 사모님의 반달 모양의 눈웃음, 밝은 미소가 매력 만점의 손님 사로잡는 비결이 아닐까.

늘 그런 모습만 보니 직원들도 손님에게 더 친절하고 웃음으로 대하게 되어 손님들이 다시 찾게 되는 것 같습니다.

안동 터미널점 실장 김순남

벌써 3년 차다. 난생 처음 직장생활을 시작했다. 며칠 해 보고 힘들면 그만둬야지 시작한 난 마법에 걸려 버렸다. 생각해 보니 강한 척 잘난 척 포장하며 살았나 보다. (사실 눈물도 많고 약해 빠진 내 자신을 들킬까 봐)

나름 조그마한 가게부터 큰 레스토랑까지 여러 장사를 해 보았다.

지금의 사장님처럼 직원에게 관심과 마음을 다하지 않았다. 물론 신경 쓰이고 애정이 가는 직원도 있었지만…. 그땐 몰랐다. 같이 살아가는 법을.

월급 주고, 나만의 이익만 계산했다.

아마도 지금의 우리 직원처럼 내 가게처럼 애착을 가지지 않았을 것이다. 때 되면 월급 받는 직장 정도였을 것이다.

지금의 우리 직원들은 자신 하나 하나가 각자의 자리에서 내가 아니면 안 된다는 애착과 자부심이 보인다.

우리는 24시이다 보니 주, 야로 직원이 나누어져 있다.

서로 내가 조금 더 일을 해 놓으면 주간이, 야간이 덜 힘들겠지 하는 마음으로 배려와 격려, 수고를 아끼지 않는다. 처음부터 그러진 않았다. 싸우고, 부딪치고, 그만두고, 새로운 직원이 들어오고 하면서 2년, 3년 된 가족들이 되었다.

우리 가게는 장사가 잘된다.

하지만 장사라는 게 잘 안 되는 날도 있다. 그런 날이면 사장님을 뵙지 못한다.

직원들이 불편해할까 봐, 눈치 볼까 봐 안 나오신다.

살면서 지금처럼 일을 열심히 해 본 적이 없는 것 같다.

발목이 아프고 몸살이 나도 가게만 나가면 아픈 줄 모르고 일한다.

몸은 힘들어도 마음이 즐거우니까. 우리 식구들과 깔깔거리는 게 즐거우니까 행복하다.

장사가 잘되는 날은 사장님 얼굴이 떠오른다. 매일 아침 미소 지을 모습을 상상하면서.

우리 사장님께서는 마음이 여리고 정도 많으신 분이다.

하지만 일에서 만큼은 엄청 냉정하시다. (얼음처럼)

재료나 육수, 김치, 무엇 하나 대충은 용납이 안 된다. 지금 생각해도 붉어진 얼굴에 화난 모습이….

우리 사장님께서는 모임, 회의, 개업 등 전국 어디를 갔다가 맛있는 걸 보시면 우리 직원들도 먹여야겠다며 꼭 사 오신다. 자식 입에 맛있는 음식을 먹이듯이. (아버지다.)

처음 본 직원, 오래된 직원, 어렵다고 신용회복하라고 몇 백씩 몇 번이고 해 주시면서 마음 편히 일할 수 있도록 자식처럼 해 주신 것 모든 직원들이 너무 감사하게 생각하며…

앞으로도 온 마음을 다해서 열심히 분주히 일하겠습니다.

우리 사장님은 정말 복이 많으신 분이다.

왜!

모든 직원들이 진심으로 사장님과 가게를 존경하고 사랑하니까 내 집처럼.

어느 순간 나 역시 사장님처럼 조금은 손해 보고 베풀고 배려하며 관리자로서 사장님을 닮아 가려 노력한다.

우리 가게는 앞으로도 계속해서 성장할 것이다.

사장님을 비롯하여 직원들의 친절, 단합, 배려의 노력이 계속될 테니까요.

경북 영주점 실장 최화숙

▌경북 영주점

경북 영주점의 자칭 분위기 메이커 김혜정입니다.

항상 웃는 얼굴로 직장을 향해 나섭니다.

나의 직장 나의 놀이터로!

오늘은 입사한 지 35번째 월급날입니다.

그러니까 2년 11개월이 되는 날입니다.

2016년 11월 7일 입사하여 다음 달이면 3년이 되는 날입니다.

무수히 많은 일들이 있었던 것 같습니다.

처음엔 모든 일들이 낯설고 서툴렀지만 하루 하루 시간이 지나면서 익숙해졌고 이제는 나의 천직으로 여겨졌습니다.

첫 월급을 탄 지가 엊그제 같은데 세월은 청산유수같이 많이 흘러서 다음 달 11월 7일이면 3번째 행운의 열쇠를 타는 날입니다.

1년이 되었을 때 퇴직금과 금 한 돈의 행운의 열쇠를 사장님께서 주셨습니다.

다른 직장에서도 퇴직금은 주지만 금은 주지 않는 걸로 저는 알고 있습니다.

따뜻한 사장님의 마음과 배려가 느껴집니다.

그래서 저는 더욱더 자부심을 가지면서 열심히 일하면서 사장님의 뜻에 부응하고 전주명가콩나물국밥의 직원으로서 영원히 남고 싶습니다.

불철주야 뛰어다니면서 직장의 모든 일들을 책임지는 실장님, 보석 같은 실장님 사랑합니다.

우리 직장의 정말 보배 같고 보석 같은 친구입니다.

지금의 동료들과 이 직장에서 오래오래 같이 동행하고 싶습니다.

"손님들을 웃는 얼굴로 대하자."

나의 마음속 사훈입니다.

손님들이 음식이 맛있다고 하면서 엄지 척 해줄 때, 주방 앞에까지 다가와서 잘 먹고 갑니다. 할 때, 제일 기쁘고 야간반 하면 힘들다면서 우유랑 커피 등을 사다 주고 가십니다.

이 일을 하면서 보람과 행복을 느낍니다.

여기 오시는 손님들도 건강하시고 사장님, 사모님도 사업이 잘 번창해서 대박 나시고 우리 직원들도 건강한 모습으로 오래오래 동행하고 싶습니다.

오늘도 블링블링한 장화를 신고 오늘의 일과를 시작하려 합니다.

경북 영주점 **김혜정**

제가 이곳에 온 지도 벌써 1년 10개월이네요.

처음에 일을 시작할 땐 제가 이런 저런 사정으로 많이 힘이 들 때였는데 이제 어느 정도 형편이 풀리고 여유가 조금은 생긴 것 같습니다.

힘들 때마다 항상 돌봐 주시는 사장님이 계셔서겠지요.

어려운 얘기여도 항상 들어 주시는 실장님과 그 부탁을 한 번도 거절하지 않으시는 사장님이셨습니다.

직원 하나하나 어려운 일들 챙기시고 작은 거라도 꼭 나눠 주려고 하시는 사장님을 보면서 과연 내가 사장이라면 '이렇게 할 수 있을까' 하는 생각을 합니다.

이렇게 하지 않으면 내 주머니를 얼마나 더 채울 수 있을까 하는 생각부터 드니 말이죠.

한번은 우스갯소리로 사장님은 몸에 좋은 걸 좋아하신다는 말을 직원들과 한 적이 있는데 내가 책임져야 하는 식구가 얼마나 많은데 건강해야지. 하시는 걸 듣고 사장님 어깨 위에 올려진 짐의 무게가 얼마나 클까 느꼈습니다.

사장님의 이런 마음 때문이겠죠? 모든 직원들은 내 일, 내 가게처럼 일을 합니다.

힘들 때마다 제 얘기 들어 주시는 실장님, 아무것도 모르는 저를 따뜻하게 잘 가르쳐 주신 영주 두 분 이모님들, 부족한 점 많은 저 항상 이뻐해 주시고 걱정 해 주시는 영주 식구들, 그 많은 일 다 하시면서도 혼자 일한다고 더 도와주시 려고 하시는 우리 봉화실장님. 항상 감사하고 사랑합니다.

제가 복이 많아서 사장님과 우리 식구들 만나 일하게 된 것 같습니다.

사장님!! 항상 감사하고 존경합니다. (내년 4월에도 저희 준비할까요?ㅎㅎ)

항상 열심히 하는 갑이로 남겠습니다.

경북 봉화점 박갑임

▍경북 봉화점

저의 아버지 친구분이자 현재 저의 사장님이신 이수호 사장님께서는 제가 CJ 제일제당에서 힘들어 퇴사를 하고 다른 직장을 알아보고 있는 상황에 선뜻 저에 대한 이야기를 듣고 손을 내밀어 주시면서 '제2의 삶'을 살 수 있게끔 도와주신 고마운 분이십니다.

사실 남이라 할 수 있고, 아니 남이지요!

친구인 아버지의 아들이니…그치만 가족처럼 생각해 주시고 팔을 구부려 안아주시고 그렇게 저를 생각해 주십니다.

일적인 면에 있어서는 한도 끝도 없이 냉정하시지만, 속으로 정도 굉장히 많으신 분입니다.

현재 전주명가콩나물국밥에서 근무를 한 지 8개월 차 접어들고 있는 가운데 안동부터 영주, 봉화, 울진까지 5개 지점을 성공적으로 넓히고 이끌어 가시는 점에 대해 흠잡을 점이 없습니다.

아닌 분들도 있겠지만, 대부분 프랜차이즈를 몇 개 이상 운영하는 점주나 사장들은 서서히 각 매장들을 소홀히 하며, 수금만 하러 다니는 경우가 많다고 알고 있습니다.

저도 외식브랜드 대기업에서 나름 점장으로서 10년 차 매장을 운영해 봤지만 저희 사장님께서는 그에 못지않은 운영방식을 가지고 계시며 매사에 디테일하시고 남들보다 한발 앞서 나가려고 매일매일 고민하십니다. 그렇기 때문에 지금 여기까지 오신 것 같고, 남들 앞에서 당당히 성공 스토리에 관련된 책까지 출판하실 수 있게 되신 것 같습니다. 책 출판 진심으로 축하드리며, 앞으로도 변함없이 가족, 직원, 매장 이끌어 나가 주시길 바랍니다.

사장님 존경합니다! 사랑합니다!

경북-울진점 실장 함석운

▌경북 울진점

지금 당신의 삶에 필요한
따뜻한 국밥 한 그릇

권선복
도서출판 행복에너지 대표이사

날이 쌀쌀하게 추워지는 무렵이면 한국인들의 식욕을 돋우는 음식을 손꼽으라면,

그중 하나가 값이 싸면서도 가성비가 최고로 좋은 음식이라고 말할 수 있는 국밥입니다.

이 책의 저자 이수호 님은 이런 가슴이 따뜻해지고 배를 든든하게 채워 주는 콩나물 국밥집의 가맹점주로서 어느덧 5개의 지점을 운영하는 사업가입니다.

그가 처음부터 모든 것을 가지고 시작한 것은 아니었습니다. 전주명가콩나물 국밥집을 운영하기 전의 그는 도산한 회사의 실패자였고, 막대한 빚을 떠안고 생을 포기하기로 결심한 비관론자였습니다.

그러나 절망의 나락에서 한 줄기 희망을 딛고 일어선 성공기가 더욱 값진 법입니다. 가장 추울 때 먹는 국밥이 제일 맛있는 것처럼요.

　이 책에는 그가 일구어 낸 콩나물 국밥집의 지혜가 오롯이 녹아들어가 있습니다. 그는 어떠한 팁도 숨기지 않고 자신의 인생 철학인 '사람이 전부'라는 믿음과 함께 지금도 추운 밖에서 '열일'하고 계시는 소상공인들을 위해 사업의 지혜를 담아낸 '국밥 한 그릇'을 떡하니 내놓았습니다. 보기만 해도 든든한데 직접 맛보면 어떨까요? 분명 속을 뜨겁게 달궈주며 삶에 대한 희망과 행복한 미래에 불을 점화點火하지 않을까요?

　뜨끈뜨끈한 사람 냄새가 나는 뚝배기가 활활 타오릅니다. 그가 자신의 '회사'에서 일하는 '직원'들에게 가지는 애정만큼이나 말입니다. 글 전체에서 그의 애정이 거짓이 없고 순수한 진실이라는 것을 뜨겁게 느낄 수 있습니다. 사람을 믿는 그의 신념은 이기주의가 판치는 오늘날 바보스럽고 무식할 정도로 올곧습니다. 그는 그러한 믿음에 아무런 불신도 보이지 않는 듯합니다.

　그런 그의 모습은 요즘 보기 드문 좋은 경영자의 상입니다. 따스한 빛과 짠 눈물이 들어간 소금이라고 말할 수 있습니다. 그런

출간후기

그의 신념이 많은 이들에게 전파되어 꿈과 희망을 실어다 날라주었으면 좋겠습니다.

그런 그의 심성에 우주가 감화되어서인지 그가 점주로서 일하는 전주명가콩나물국밥의 본사 역시 가맹점에게 갑질 없는 혜택을 제공하는 서민음식점으로서의 좋은 경영마인드를 보여주고 있음에 맘속이 넉넉해집니다. 과연 '그 밥에 그 나물'입니다!

이제 인생의 긴 여정 하반기에 서서 눈물 어린 지난날을 반추해 보기도 하고 앞날의 꿈을 지켜나갈 것을 맹세하기도 하면서 저자의 파란만장한 삶이 우리에게 제시해 주는 것은 무엇일까요.

상투적이지만 '간절하면, 궁하면 통한다. 사람을 믿으라.'는 말이 아니겠습니까.

그가 전하는 따스한 지혜의 책을 통하여 많은 독자님들의 가슴속에 조금이나마 어려 있을 차가운 아픔이 살살 녹아내렸으면 좋겠습니다. 어렵고 힘들게 살아가는 사람들의 삶에 이수호 저자의 지혜로 하여금 쨍하고 해 뜰 날'이 다가왔으면 좋겠습니다.

이 세상에 빛과 소금이 되는 삶 영위하며 독자들 가슴속에 행복한 국밥 에너지가 팡팡팡!!! 솟아오르기를 진심으로 기원합니다!

배세일움 사용서

문홍선 지음, 서성례 감수 지음 | 값 20,000원

『배세일움 사용서』는 씩씩하게 그리고 힘차고 즐겁게 인생을 살아가는 '다섯 명 패밀리'에 대한 이야기이다. 책 속 일상에서 마주치는 이런저런 깨달음이나 생각은 때로는 큰 의미로, 때로는 별 것 아닌 장난으로 다가온다. 나침반처럼 일상을 안내하고 손전등처럼 삶의 수수께끼를 비추는 이 '사용서'를 통해 독자들은 삶이라는 요리에 양념을 더하듯 작가의 유쾌한 철학을 전달받을 수 있을 것이다.

2주 만에 살 빼는 법칙

고바야시 히로유키 지음 방민우 · 송승현 번역 | 값 17,000원

진정한 다이어트를 위해서는 자신의 몸, 특히 몸과 마음의 건강 전체를 총괄하는 '장'을 이해하고 돌보는 것이 최우선이 되어야 한다는 것이 이 책이 제시하는 '2주 만에 살 빼는 법칙'이다. 특히 이 책은 자신의 몸을 이해하고 돌보는 방법으로 최신 의학 이론에 기반한 '장활'과 '변활'을 제시하며, '장 트러블' 해결을 통해 체중 감량을 포함한 다양한 문제를 해결할 수 있도록 돕는다.

내 사랑 모나무르(MON AMOUR)

윤경숙 지음 | 값 15,000원

이 책 『내 사랑, 모나무르』는 가난 속에서도 희망을 잃지 않고 자신이 꿈꾸는 방향으로 계속 걸어 나간 끝에 가족과 세상으로부터 받은 사랑과 행복을 더 많은 사람들과 나누려고 하는 모나무르 윤경숙 대표의 에세이다. 윤 대표의 진심을 담은 이 책은 거창하게 뒷짐 지고 서서 내지르는 일장 연설이 아니라, 조용하지만 진심을 담은 따뜻한 속삭임을 통해, 지금 지치고 힘든 이들에게 조금이라도 희망을 주고 싶은 마음을 담은 책이다.

'행복에너지'의 해피 대한민국 프로젝트!
〈모교 책 보내기 운동〉

대한민국의 뿌리, 대한민국의 미래 **청소년·청년**들에게 **책**을 보내주세요.

많은 학교의 도서관이 가난해지고 있습니다. 그만큼 많은 학생들의 마음 또한 가난해지고 있습니다. 학교 도서관에는 색이 바래고 찢어진 책들이 나뒹굽니다. 더럽고 먼지만 앉은 책을 과연 누가 읽고 싶어 할까요?
게임과 스마트폰에 중독된 초·중고생들. 입시의 문턱 앞에서 문제집에만 매달리는 고등학생들. 험난한 취업 준비에 책 읽을 시간조차 없는 대학생들. 아무런 꿈도 없이 정해진 길을 따라서만 가는 젊은이들이 과연 대한민국을 이끌 수 있을까요?

한 권의 책은 한 사람의 인생을 바꾸는 힘을 가지고 있습니다. 한 사람의 인생이 바뀌면 한 나라의 국운이 바뀝니다. **저희 행복에너지에서는 베스트셀러와 각종 기관에서 우수도서로 선정된 도서를 중심으로 〈모교 책 보내기 운동〉을 펼치고 있습니다.** 대한민국의 미래, 젊은이들에게 좋은 책을 보내주십시오. 독자 여러분의 자랑스러운 모교에 보내진 한 권의 책은 더 크게 성장할 대한민국의 발판이 될 것입니다.

도서출판 행복에너지를 성원해주시는 독자 여러분의 많은 관심과 참여 부탁드리겠습니다.

도서출판 **행복에너지** 임직원 일동